華麗《カレー》なる花道

尾上右近
Ukon Onoe

SHUFUNOTOMOSHA

はじめに

Introduction

カレーは歌舞伎役者にとって
都合のいい、万能な食べ物。

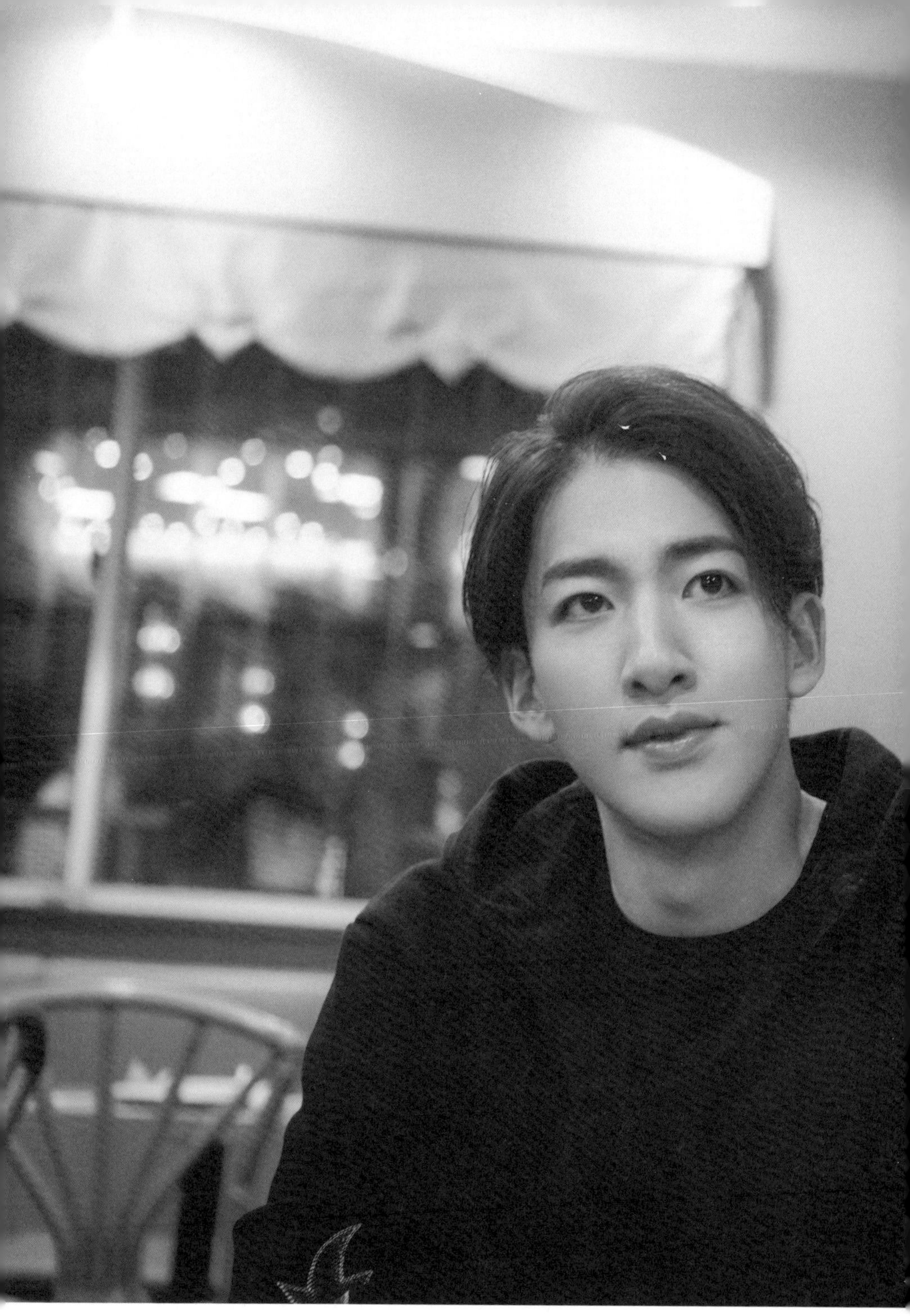

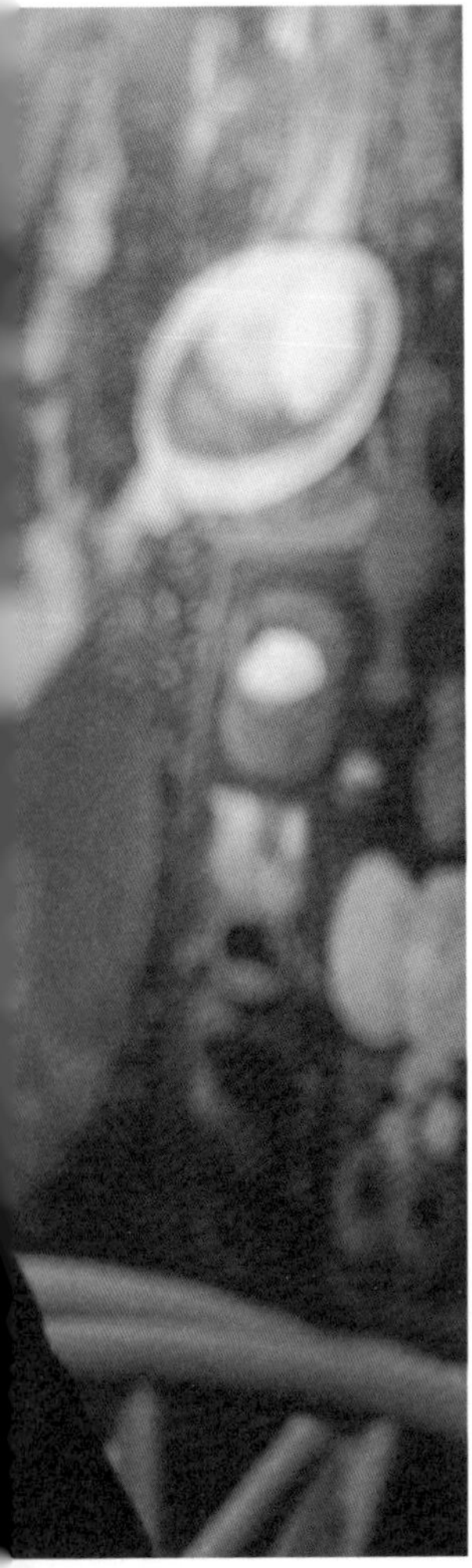

ワンプレートで完成。
栄養もあって、さっと食べられる。

黒い服はカレーがハネてもシミがわかりづらい（笑）

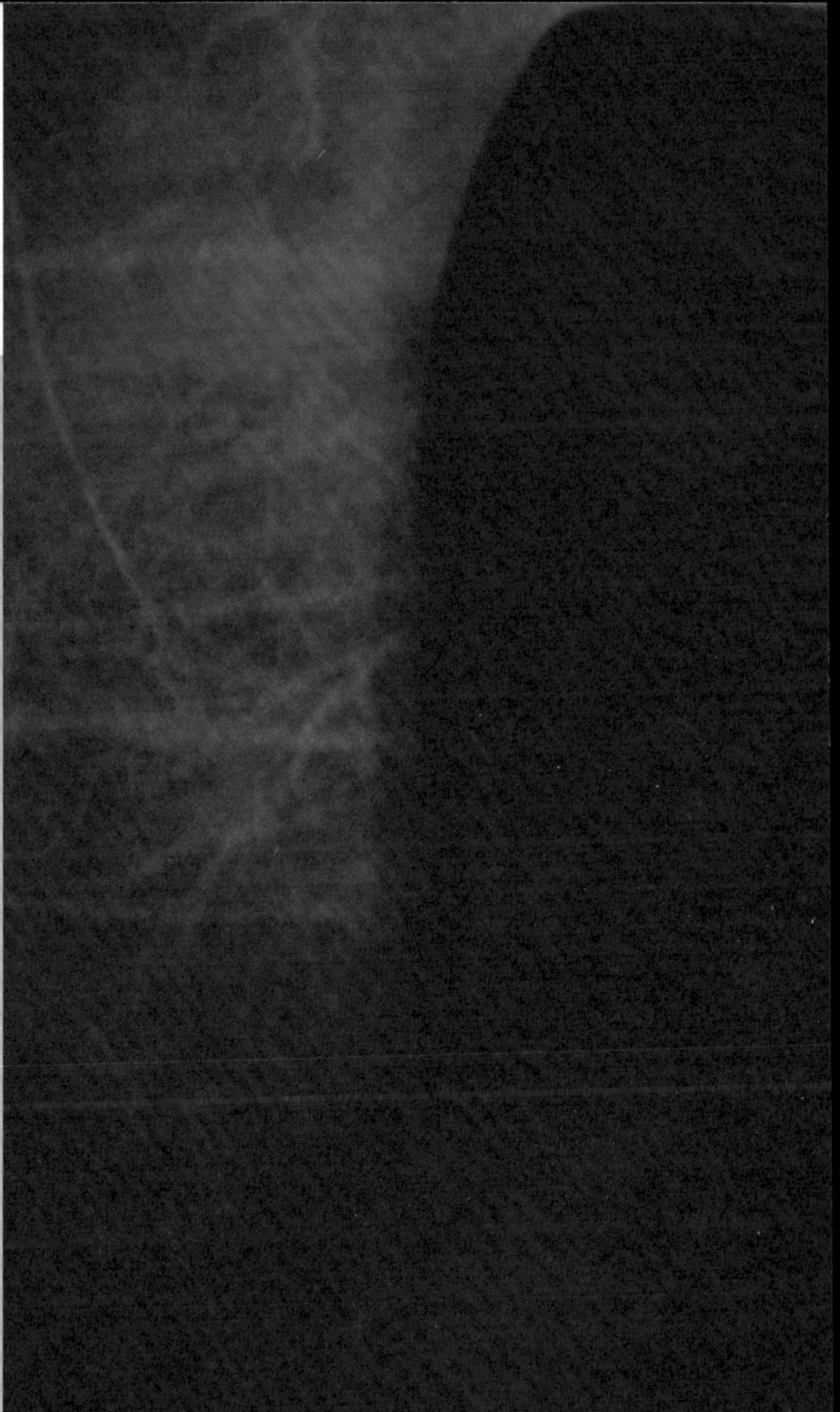

カレーと歌舞伎って、

ものすごく似ているんです。

バリエーションが多い。
派手でインパクトがある。
しっかりとしたベースがある。
厳密な定義がない。
それがカレーと歌舞伎の共通点。

カレーを食べるときは真剣勝負。
無言でカレーと対峙します。

2種類以上を盛りつける
「あいがけ」もカレーの魅力。

僕が愛するカレーと歌舞伎を
「あいがけ」にて語らせていただきます。

尾上右近　華麗なる花道

【目次】Contents

第2章——CHAPTER 2

華麗なる最愛カレー

第3章——102

CHAPTER 3

華麗なる出演作品とカレー

CHAPTER
4

第1章 CHAPTER 1 カレー愛を語る

Ukon Onoe

Love ♥ Curry and Rice

なぜ僕はこんなにもカレーが好きなのか。

自分なりにカレーを愛する気持ちをじっくり振り返ってみました。

ワンプレートの宇宙に集中できる至福の時間

なぜ僕がこれほどまでにカレーが好きになったのか。

まずひとつにナイルレストランという素晴らしいインドカレーのお店が歌舞伎座の近所にあったということ。美味しいものは何度だって食べたくなります。それが歌舞伎を生業《なりわい》とする者のごく近くに存在していて、稽古の合間にも本番の前後にもいつでも食べられる環境にありました。

そしてさらにカレーは歌舞伎役者にとってとても都合のいい、万能な食べ物でした。ワンプレートで完成されていて栄養もあってさっと食べられる。しかもバリエーションがめちゃくちゃ多いんです。

ラーメンとカレーは常に進化を続ける大衆的なフードだと思いますが、バリエーションの豊富さではカレーに軍配が上がるんじゃないでしょうか。カレーそばやカレーうどんなど、ライスだけでなく麺類やいろいろなものに侵食しています。ラーメンはどうしても麺の枠内。味の種類は多いけれど、バリエーションでいったら、つけ麺かスープか。細麺、太麺、縮れ麺っていうのはあっても〝ラーメンそば〟とか〝ラーメンうどん〟なんていうものはない。いやセットはあるかもか。あれ？　たとえが変だな。話がずれてしまいました。


とにかくカレーはすごいんです！

子どもの頃から母の作るカレーは好きでしたが、特にカレーへの愛が強まっていったのは歌舞伎という仕事を始めてからです。徐々に忙しくなり、時間が限られる中で必然的に惹かれていきました。

カレーはワンプレートで完成されているということでとても食べやすい。あっちこっち目移りせずスプーンですくっていく。目前のプレートに集中して自分のリズムで食べ進めていけます。さらにどんなところに行ってもあるメニューだから、「何食べよう?」って迷わなくてすみます。

僕はふだん服の色で考え込みたくないので、色を固定していろんなデザインの服を楽しみます。カレーもその要領でカレーにするとだけ決めれば、あとはいろんなカレーを楽しめます。カレーは余計なロスタイムを極力カットできてしまうんです。

野菜もスパイスも入っていて、短い時間でガッと食べても、ちゃんと栄養も摂取できる。餃子は完全栄養食っていわれていますがカレーも一緒。何か足りないなと思ったらトッピングという手もあります。

時短で、美味しくて、栄養もあって、おなかも心もしっかり満足させてくれる。バリエーションが多いから飽きるということがないし、全国どこに行ってもあるから出会いも楽しめる。歌舞伎のために時間を割きたい僕にとってカレーは最高のエンターテインメントです。無理矢理な言い方をすれば、カレー好きは歌舞伎のためでもあるんです。

歌舞伎と似たカレーの懐の深さ。歌舞伎好きの僕にとってカレーへの愛も、今後もますます強くなっていくことに違いありません。

厳密な定義がないからこそ無限のアレンジが楽しめる

カレーと歌舞伎ってものすごく似ているんです。そういう意味でもカレーに親近感があります。

歌舞伎もカレーもバリエーションの幅がすごく広い。歌舞伎は歴史と伝統があって堅苦しいとイメージする人もいるかもしれませんが、それこそ新作歌舞伎の『ワンピース』や『風の谷のナウシカ』とか現代的な、しかも古典歌舞伎と対極にあるようなジャンルとかけ合わせても成立するし、おもしろくなります。

カレーも同じで、特にこの日本ではいかようにもアレンジできるというか、新しいバリエーションのカレーがどんどん生まれています。

ただただ目新しいことをやっているんじゃなくて、しっかりとした土台や中身があったうえでのアレンジだから奥深くなります。

そしてどちらも派手というか、インパクトがあるのも特徴です。

ガツンとくる辛さだったり、歌舞伎でいえば衣装やお化粧の派手さにまずやられますが、それもスパイスの調合だったり、食材のセレクトや煮込み方、つまり演出法など、どちらも長きにわたって試行錯誤されているものです。

基礎、ベースになる部分がしっかりしているからこそアレンジをしても「美味しい」「おもしろい」に行き着きます。

厳密な定義がないというのも共通点だと思います。

食材を適当な大きさに切って煮込んで市販のルゥを足せば、家庭でもキャンプ場でもカレーができる手軽さもありながら、プロが作ったカレーはそこでしか食べられない特別感が明確にあります。そんなカレーのプロやカレーを愛する人たちに聞くとみんな「カレーに定義はない」とおっしゃいます。

歌舞伎も、歌舞伎役者がやるから歌舞伎なのであって、厳密な意味での定義がありません。だからどちらもいろんなアレンジができてバリエーションが豊かになるんだと思います。

ついつい語ってしまいますが、好きなものって思いを巡らせたくなるし突き詰めたくもなりますよね？「なんで、こんなに好きなんだろう？」「どうして、こんなに惹かれるのかな⁉」って。

僕は歌舞伎とカレー両方とも大好きで、なぜ、どうしてって考えていたら、共通しているところがたくさんあったんです。

ただ一点自分の行動として違うのは、歌舞伎の場合インプットするためにあらゆることをやらないといけません。本を読んだり、映像を見たり、稽古をして体を動かしたり。習得するためにやるべきことが無限にあります。

でもカレーは食べるだけ。いちばん努力がないインプット作業。生きるために必要な食事がそのまま好きなことのインプットとして同時にできちゃう。すごく短い時間で労力もほとんど使うことなくバリエーションが楽しめて、栄養もとれる。毎度、労力以上のおつりが来てしまいます。

どちらも大好きで本質は似ているんですが、労力の部分だけが唯一違います。僕は必要な努力はすべて歌舞伎に使いたい。

だからカレーに関しては食べることに専念して、作ることはしません。よく「自分では作らないの？」と聞かれたりするんですが、そっちにハマってしまったら、台本覚えなきゃいけないけど今日はちょっとカレー作っちゃおうか！みたいなことになりかねない。軽い気持ちでやってみたらハマりそうな気がするのでそこは距離を置いてます。時間は有限ですし、先人の作り上げたカレー一食一食に対して敬意を持って食べたいのです。

歌舞伎とカレー、好きなものに対する距離感はきっと今の感じがベストだと思っています。

真剣勝負なカレーとの対峙

知りたいと追うほどにどんどん食べたい一皿が出てくるカレーの世界。国によって、そして地域によってさまざまなカレーが存在しています。インドにタイ、スリランカにネパール、インドネシア、カンボジア、そしてヨーロッパ。そんな世界中のカレーが食べられるわが国ニッポン。食べようと思えばどこの国のカレーでも食べられますし、アレンジしたオリジナルも山ほどあります。

僕がカレー好きということを知っていただけて、最近はいろいろな地域のレトルトカレーや、お店のカレーをおすすめいただく機会も増えました。この環境と人のやさしさ、本当にありがたい限りです。

カレー全般を愛する僕ですが、特に好きなのはスパイスカレーです。いただきもの、出張先などでいただくカレーなど、偶然に出会ったカレーはすべて美味しく食していますが、自分から選ぶとなるとスパイス系が圧倒的で、具材はチキンを選ぶことが多いです。

こってり系よりあっさり、さっぱり系。さらっとしたカレーが好きではあるのですが、だからといって脂っけが多いのが苦手かというとそういうわけでもありません。よく「これ脂っぽいね」とかって言うじゃないですか。パッと見てカレーの表面に脂が浮いているパターンです。僕の場合、見た目の認識はできても食べてみて「脂が多いな」とはあまり感じません。なので強いていえばさっぱり系が好みという感じです。

具材はチキン、あとキーマも好物です。チキンは体に合うというか、あの軽さがちょうどいいんです。弾力のある食感も好きです。

これは僕の大好きな『ナイルレストラン』の影響、いや陰謀かもしれません。店の看板であるチキンカレー、ムルギーランチでカレーの魅力に目覚め現在に至ります。きっと「カレーは鶏肉」みたいな刷り込みが小さい頃からされているんです。普通に看板のカレーを食べていたつもりが、いつの間にかチキンカレー脳に仕立て上げられていました。だからほかのカレー店に行っても、まず頼むのはチキンカレーが多いです。僕の好きなカレー店はチキンを定番にしているところが多いせいもあるのかな。いやそれすらもナイルの陰謀でしょうか（笑）。

キーマカレーは、あのひき肉の口あたりが好きなんだと思います。ごはんとの相性もいいんですよ。大きい肉がゴロゴロではなく、ひき肉とカレーがいい具合に均一にごはんの上にのっている。だから食べるのがめっちゃ楽なんですよね。カレーが好きな理由の一つに「効率のよさ」もあるので、その点でもキーマは高得点です。

ごはんとルゥとの比率に関しては、これ明らかにおかしいってこともたまにありますよね。ルゥに対してごはん多すぎだろみたいな。それをただ受け入れるだけじゃもの足りません。売られたケンカはやり返すぐらいの心意気でそこは真剣勝負。バランスを調整しながら食べ進めて、結果ルゥのほうがちょっと多いぐらいのゴールをめざします。手羽元のチキンカレーだったとしたら手羽元は最後まで残しておいてごはんがあと2口！ってところまで引っぱってからの手羽元解禁！とか。そういうバランスはめちゃくちゃ意識しています。顔には出しませんが。

まさに真剣勝負なカレーとの対峙です。

気心知れた間柄の人とカレー店に行った場合はおしゃべりもせずにカレーに集中させていただきます。それがいつものスタイルです。

「ちょっと今度ごはんでも行きましょうよ」くらいの浅めのおつきあいのかたとの食事にカレーは絶対に選びません。大事な話をするタイミングでもカレーはNGです。マネージャーさんとか、僕のカレー好きをちゃんと理解している人とならご一緒できます。しゃべらなくてもそこはたぶんわかってくれていますから。

とはいっても、ずっと無言なわけじゃなくて「これ美味しいね」「こうやって食べるともっと美味しいよ」なんて会話はします。ただ、気をつかっての会話はしたくない。カレーを食べているときに、カレー以外の話題はいらないんです。「そっちのどう?」「美味いよ」「じゃあ、次はそれ頼もうかな」なんて会話がいいですね。

ときどき楽屋でテイクアウトのカレーを食べているときに呼び出しがかかることがあるんですが、ちょっとガッカリするというか、あってはならない感情を抱いてしまいます。「着替えたら行きます!」なんて答えつつ、(いや、だからいまはカレーと真剣勝負してるから!)なんてね。そんなときは着替えに時間がかかったふりをしてカレーを食べ進めます。まずい、これ誰かに読まれたらアウトだ(笑)。

基本的にカレーを食べ始めたら中断したくないんです。自分も嫌だし、カレーに対しても申し訳ない気がしてしまって。

こだわりでいえばカレーにはライス、というのもあります。インドカレーのお店でライスかナンかという選択肢があるとき、僕は必ずライスを頼みます。ナンがついてきたとしても、ライスも別でオーダーします。

例えばカレーをほうれんそう、キーマ、バターチキンの3種類から1つ選んで、ナンがついてくるみたいなセットメニューがあったとして、それだけで終わるのはちょっともの足りないなって思ってしまうんです。結局、別のカレーも頼んで単品でごはんをオーダーしちゃいます。

カレーとライスはマストな組み合わせというのがしみついているんですよね。心は大満足ですが、完全に食べすぎオーバーカロリーのデブ活二刀流です。

しかたがない、だって好きだから！

「一口サイズのミニカレーを作る。少し深めのスプーンが理想的」

カレーの魅力はワンプレートといいましたが、ここらへんでプレート、つまり器についての話もしておきましょう。

カレーはバリエーションの多いジャンルだけに結構いろんな器に盛りつけられます。ラウンド形のお皿もあればオーバル形もあるし、陶器に磁器にステンレスとさまざまな器があるので、初めてのお店では「ここは一体どんな器で出てくるのかな?」という楽しみもありますね。

カレー用のマイプレートとしては、最近はお客さまからいただいた銀色の皿がお気に入りです。インド直送らしいんですが、もうびっくりするほど軽いんです。銀色のお皿って重そうな感じがしますけどあれはいったい何でできているんだろう? ステンレス? あんなに軽いなんてどういうこと⁉

家で食べるときはだいたいそれを使っています。


そしてスプーン。

これもいろいろな形があって、チェックしてみると意外とおもしろいんです。気にする人は少なそうですが、カレー店に入ったらぜひ見てみてください。

例えばすくう部分が円形というより、台形に近いスプーン。これはじゃがいもなどの具材をカットしやすいような形状になっているんですが、そういうのはくぼみが浅めなんです。

逆に液状のルゥも具材もたくさんのせられるようなくぼみが深いものもあります。よくよく見ればいろんな形があるんだなと買っては試して、楽しんでいました。

そんな中で素晴らしい出会いがあったんです。

以前に自主公演の『研の會』で販売するグッズとしてオリジナルデザインのカ

レースプーンを作ったのですが、その際にお願いしたのは山崎金属工業さん。「カレー賢人」シリーズというのをお出しになられていて、なんとカレーを食べるためだけに作られたスプーンなんです！　具材をカットしやすい形状などスプーンごとにいろいろな工夫がされています。どれも本当に素晴らしいのですが、僕は深さのある「キャリ」を愛用しています（23ページ写真のスプーン）。

実はこのスプーンって、スプーン上でミニカレーが作れるように計算されているんです。さっと一口サイズの小さなカレーを作れて、それを一気に口に放り込むことができる。

最高です！

一般的なスプーンは深さが足りないものが多く、のせられるカレーの分量に限界を感じてしまいます。となると、ごはんをとるかルゥをとるか選ばないといけません。浅いスプーンでもちゃんとすくえるんだけど、理想的なミニカレーにはならない。このひとすくいではごはんが多めでルゥはちょっぴり、次のひとすくいではルゥを多めに……。完璧なバランスではないという意識が頭の片隅に残ってしまいます。

でも「キャリ」だと毎すくい、パーフェクトなバランスで食べられる。雑念なく目の前の大きなカレーから完璧なミニカレーをすくいとれるので、ごはんとルゥをちゃんと同時に終わらせることができるんです。

これは僕にとっていちばん気持ちのいい食べ方なので、家でカレーを食べるときは必ず、このスプーンを使うようにしています。

始まりは母のカレー

日本人の親のもとに生まれ、日本で育ったという人で、カレーデビューがインドカレーっていう人はあんまりいないんじゃないかと思います。いたとしてもごく少数派で、きっとメインストリームではないはず。

大多数の日本の子どもがこの世に生まれて最初に口にするカレーは、間違いなく家庭で作られるカレーです。スーパーなどで買った野菜と肉、どこにでも売っているメジャーなカレールゥを使ったカレーライス。多くのかたがあのＴＨＥ王道な家庭のカレーから〝カレーなる世界〟に足を踏み入れていると思うんです。

僕の実家のカレーは、じゃがいも、にんじん、あと玉ねぎが入っていたと思います。まさにTHE王道な家庭のカレー。肉は牛肉でした。しっかり煮込んでルゥをとかし、ごはんにかけて食べる。サイドメニューとしてサラダもありましたね。

学生時代、実家に住んでいた頃はだいたい月に2回くらいはカレーでした。食欲が旺盛な時期、そしてまだ自覚はしていなかったカレー好きが相まって、とにかくごはんの量が尋常じゃなかったです。母はものすごく引いてました。「これでどうだ！」ってくらいごはんを炊いて、たっぷりよそってくれているのに何杯も「おかわり！」して。さすがに「食べすぎじゃないの⁉」っていつも心配されていました。

何合くらい炊いていたんだろう？ 3合は炊いていたと思いますが、カレーのときは本当にごはんの消費量が多かったです。と同時にカレーの量も相当だったようで、4人家族で8人前くらいの量はあったかもしれません。

カレー好きという感覚に目覚めたのは20歳くらいでしょうか。仕事やおつきあいで、だんだん食事の時間に家にいることが少なくなってしまいました。

学生時代夕食にカレーを作ってもらっていたときは、翌朝にうれしい二日目のカレーが出てくるわけですけど、夕食に僕が家にいないことが多くなると、カレー自体あまり作らなくなったみたいです。となると自動的にうれしい朝のカレーもなしっていうことになる。

そんなわけで、カレー好きを自覚して以降は家庭のカレーを食べる頻度がガクンと落ちてしまいました。たまに実家でカレーを食べると、ああ、やっぱり自分はこのカレーで育ったんだなぁっていうのを感じて、懐かしく思います。


よく考えたら、母が作るカレーはごくごく普通の家庭のカレーだったからこそ、お店などで食べる個性あふれるカレーにハマったのかもしれません。こだわりのカレーが出てくるような家庭だったら、こんなにカレー好きになっていたのかとも思います。

王道な家庭のカレーで育ったからこそ、大人になってカレーという一皿のバリエーションの多さに衝撃を受け、未知の世界を知ることに夢中になった。母のカレーがあったからこそ、僕は奥深い〝カレーなる世界〟に目覚めたのかもしれません。

右近プロデュースのレトルトカレー

カレー好きが高じてオリジナルのカレーを作ってしまいました。

その名も「ケンケンカレー」。本名・岡村研佑である僕の愛称、ケンケンにちなんで名づけました。

あるときお客さまから「カレーがそんなに好きならカレーを売ったら?」みたいなご提案をいただいたんです。それで2018年開催の自主公演・第四回『研の會』でグッズとして作り、それから毎年自主公演限定で、味もパッケージもオリジナルな「ケンケンカレー」をプロデュースするようになりました。

舞台の自主公演をプロデュースするのは大変なことですが、この作業だけはよだれが出てしまいます。

最初の「ケンケンカレー」には〝ウコン入り〟のマークとともに〝右近本人は入っておりません〟という注意書きをしたんですけど、あれはわざとじゃなくて、表記しないといけないって言われたからなんです。だったらおもしろく目立つようにしようってことで全体的にもちょっとふざけた感じのパッケージでした。

第1弾はベースもなく、ゼロから自分好みのカレーを作って出したんですが、『チェッターヒン』というカレーに出会い、第3弾からは『チェッターヒン』のレトルトカレーを開発した料理研究家の保芦ヒロスケさんのカレーとコラボさせてもらうことになりました。

第3弾のパッケージはスプーンを持って自分の顔をバーンと出したものにしたんですけど、次はどうするかってなったときに歌舞伎っぽさを出そうということで第4弾の『ウェッターヒン』では大入り袋のデザインにしたんです。

ただの大入り袋でもつまらないから、そこに僕の顔を入れようと。僕の顔を抜いて、ちょっと和風にしたらいいんじゃない？　と、ああいうデザインになりました。縁起もいいしインパクトもあるし、これいいじゃん！って。

そんな感じで、思いつくときはパッと出てきます。これだ！ってなるときは、めちゃくちゃ早いです。自主公演のタイトル、『研の會』という名前を決めるときも早かったんです。『右近の会』でもいいかなと思ったのですが、現・市川右團次さんが以前に「市川右近の会」という自主公演をなさっていたので、似たような名前だとややこしいし、右團次さんに遠慮もあるから別の名前にしようと。それじゃ、本名の〝研〟の字を使おうっていうのでパッと決まりました。カレーを食べるときのように素早くパッと決まるときは気持ちがいいです。

ケンケンカレーを楽しみにしてくださっているかたがいるので、期待に応えるよう毎回いろいろ考えています。さて、次はどんなケンケンカレーにしようか、考えるだけでおなかがすいてきます。

＼尾上右近プロデュース／

歴代ケンケンカレー

第2弾　ビーフカレー（中辛）

2019年の『第五回 研の會』。「知らざぁ売って喰わせやしょう」は歌舞伎の演目『白浪五人男』の長台詞から拝借しました。

第1弾　ビーフカレー（中辛）

2018年の自主公演『第四回 研の會』で初めて作りました。某人気レトルトカレー風。ウコン入り※の注釈として「右近本人は入っておりません」と書いたのがポイントです。

KEN KEN CURRY

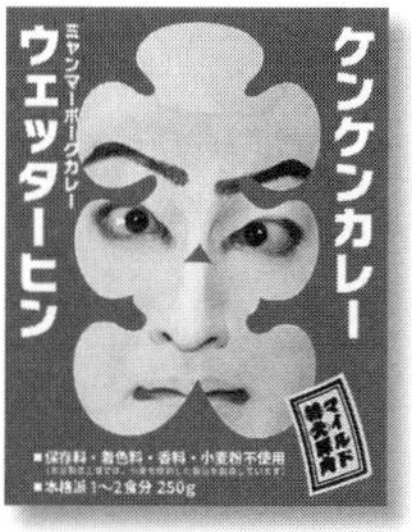

第4弾　ウェッターヒン

前回がチェッターヒンだったのでウェッターヒンを右近流に作らせていただいたのが2023年『第七回 研の會』。特大肉が好評でした。次はどんなケンケンカレーにしようかな。

第3弾　キーマカレー／チェッターヒン

あいがけカレー好きということもあり2022年『第六回 研の會』ではチェッターヒンとキーマの2種類を作りました。お客さまから「辛い」というお声もあってマイルドな味に。

第2章

CHAPTER 2

華麗なる最愛カレー

Ukon Onoe

Love ♥ Curry and Rice

年間360食のカレーの中でも、愛してやまないカレー店、
激推しレトルトカレー、何度も注文している
デリバリーカレーを選んでみました。

愛と憧れの詰まったカレー店

大好きなカレーはだいたい週に5回くらい、一日に2回食べることもあるので、年間にすると360食くらいになります。新しいカレー店の開拓も楽しいですが、日常的にはお気に入りのお店にローテーションで通っている感じです。そのローテーションに絡んでくることの多い大好きな3つのカレー店について紹介しておこうと思います。

まず僕のカレー好きと切っても切れないのが『ナイルレストラン』（以下『ナイル』）。歌舞伎座との距離の近さも込みで、もはや楽屋の一部のような感覚です。歌舞伎座と一緒に歩んできたようなお店ですから、歌舞伎関係者で『ナイル』に行ったことがない人のほうが少ないくらいだと思います。これはもう不動の地位というか、僕にとっては絶対的な存在です。カレーを食べに行くという感覚ではないくらい当たり前にそばにいてくれる。万が一なくなったら、日常が根底から崩れてしまいます！　たとえてみるなら『ナイル』は結婚相手みたいなものかもしれません。人生をともにするパートナー。いつも近くにいてくれて「ただいま」って帰れるような場所です。心と身体の癒やしであり、パワーの源。カレーにハマるきっかけになった店ですから、僕のカレー人生の原点であり、初恋の相手ともいえます。

いつもは看板メニューの「ムルギーランチ」に「チキンマサラ」をプラスして食べています。骨つき肉をほぐした鶏肉とマッシュポテトとごはんをがっつりと混ぜてスピーディーに口へ運び続ける。完成されたバランスで最後まで食べられるのも「ムルギーランチ」の魅力です。追加で頼むチキンマサラは辛さと酸味のバランスが最高で、ぺろりと平らげてしまいます。たまに「海老カレー」を注文することもありますね。サラッサラのルゥでさっぱりとしていながらスパイスはしっかりきいていて、スルスルと食べられちゃう。

ここの味がしみついていて、何度食べてもまったく飽きる気配がない。食べ終わって満腹になった瞬間からまた来たい気持ちになるお店であり、必ずそこにいて僕を待っていていてくれるカレーです。


『ナイル』と同じく、銀座という僕の行動範囲に近い場所にあるのが『ニューキャッスル』。歴史もあわせて好きなお店です。昭和21年に創業されて現在の店主は三代目。二代目がお店を閉めたときに常連だったかたが〃この味が終わってしまうのは忍びない。跡を継がせてください〃ということで味とともにお店を継承したそうです。

その店主も僕の愛称と一緒のケンケンと呼ばれています。そんなエピソードや歴史もひっくるめて魅力的なお店ですし、味も美味しいんです。苦みととろみ、卵との相性もすごくいい。

そんな『ニューキャッスル』を人にたとえるとしたら親友のポジションですね。昔から知っている幼なじみの大親友。

『ニューキャッスル』にフラッと寄ってこのお店独特のゆとり的なものを堪能してから『ナイル』に行くと、あらためてそれぞれの良さを実感できます。いったん距離をとってよかったなって感じになる。ずっと好きなのは変わりないんだけど、出会った頃の新鮮な気持ちが戻ってくるというか。あっ、でも愛情が薄れていたわけではないんですよ！　もし『ナイル』に「そうなんだ、今日はそっちに行ったんだ……」ってヤキモチ焼かれたとしても「いや、向こうは友達だから」「ずっと友達だからさ」って。「そんな目で見たことないよ、バカだなぁ」っていう言い訳をしちゃいそうな存在です。

ちょっと何の話をしているのか見失いそうになってきましたが、カレーの話です。

そして最後のひとつがこちらも老舗の『エチオピア本店』（以下『エチオピア』）。

超有名店ですし、カレー好きだっていう人はみんな通っているお店じゃないでしょうか。中村獅童さんとも以前「エチオピア、美味しいよね」とカレー談義に花を咲かせました。

『ナイル』が結婚相手、『ニューキャッスル』が親友だとしたら、『エチオピア』は憧れの有名俳優さんです。

『エチオピア』は本格スパイスカレーとしてネイティブ感が強い。カレー激戦区とされる神保町でもひときわ光り輝く存在感があります。僕はだいたいチキンカレーをオーダーします。辛さが選べるんですけどそんな背伸びはいたしません。いつも一桁台の辛さで注文しています。「6倍」とか「7倍」とかくらい。一桁台の辛さでもそこそこ辛いのに70倍なんて辛さもあって、それをオーダーするかたがいるんですから、世の中には強者がいらっしゃいますね。


『ナイル』は東銀座、『ニューキャッスル』は銀座で歌舞伎座や新橋演舞場からも徒歩圏内ですけど、『エチオピア』は神保町ですから、僕の場合はふらっと行くというよりは時間をとって食べに行く場所です。会いに行ける有名俳優さん。ファンとしてライブを見に行く感覚に近いかもしれません。イベント感があるからワクワクしながら食べに行っています。

ほかにもたくさん好きなカレー店はありますが、この3店舗への愛と憧れはこの先もきっと変わらないと思います。

Ginza Nair's Restaurant

Ukon's

Curry

Restaurants

Best

3

※価格は2024年4月時点のものです

印度料理専門店
ナイルレストラン

東京都中央区銀座4-10-7
03-3541-8246
https://www.ginza-nair.com/

奥：ムルギーランチ　1,600円（税込み）
手前：チキンマサラ　1,550円（税込み）
1949年創業・日本最古の印度料理専門店。インドの5つ星ホテルで修業したナイル善己さんが三代目として営む。歌舞伎座から近いこともあり、多くの歌舞伎役者さんが足繁く通う。

Ethiopia Curry

カリーライス専門店
エチオピア本店

東京都千代田区神田小川町3-10-6
03-3295-4310
https://ethiopia-curry.com/

チキンカリー　920円（税込み）
1988年の開店当初はカレーとコーヒーの専門店で、当時扱っていたエチオピアコーヒーが評判であったため、この店名に。カレー激戦区の神保町の中でも多くのカレーファンが支持している名店。

Newcastle Ginza

コーヒーとカライライスの店
ニューキャッスル

東京都中央区銀座2-11-1 B1F
03-6264-0885
https://japanese-curry-restaurant-420.business.site/

辛来飯（カライライス）つんのめった蒲田
1,200円（税込み）
1946年創業、惜しまれつつも閉店に。常連客だった三代目のけんいちさんが秘伝のレシピを引き継ぎ、2013年に新オープン。量が少ないほうから品川、大井、大森、蒲田などと京浜東北線の駅名になっている。

ホテルオークラ京都での人生最高カレー体験

これだけ日々カレーを食べていると、たまに人から「いままででいちばん美味しかったカレーは?」と聞かれることがあります。

味で答えを出そうとするとなかなか出てこないのです。でも体感として、シチュエーションも込みで「あれは間違いなくいちばん美味しかった!」と思う暫定1位は、ホテルオークラ京都で食べたカレーです。

2020年だったか、ちょっと背伸びしようとしていた時期にホテルオークラ京都に滞在したことがあるんです。京都南座の夜だけに出る公演だったので昼間はわりと時間に余裕がありつつも、このときの自分の役回りというのがなかなか大変でした。『末広がり』という中村米吉くんと二人の踊りで主演し、さらに松本幸四郎さんと中村壱太郎さんの『夕霧 伊左衛門 廓文章 吉田屋』という演目では清元の唄方として参加していて、それが結構な大曲で。僕のように歌舞伎俳優と伴奏音楽の唄方を両方やっているかたがほかにいなかったので、誰にどう相談したらいいかもわからなくて。精神的にまぁまぁ追い詰められていた時期でした。

時間を大切にする意味でも宿にはこだわりたい。そうだ、ホテルオークラ京都に泊まろう！と。

その公演自体は12月19日に終わりだったんですが、クリスマスには自主公演の予定を入れていたので、昼間は自主公演の準備も兼ねて大阪まで稽古に行くなど、とにかく慌ただしい日々を過ごしていました。

前置きが長くなりましたけどここからがカレーの話です。お待たせいたしました。

おなかがすいた、でもどこかに食べに行く時間もない。そうだ！ルームサービスを頼んでみよう！

どんなものかとメニューを見たら黒毛和牛ビーフカレーがある。カレーとしては少し高級なお値段ではありましたが頼んでみました。

オーダーしてからシャワー浴びて、終わった頃に到着。頭がビシャビシャだけど「もう食っちゃおう！」とイスに座りもしないで、カレールゥが入った銀色の器からごはんの上にバーッとカレールゥをかけて、一気に口に運んだんです。立ったままですよ（笑）。

ま〜〜〜、美味しかった!! ゴロゴロ入った大きな肉がめちゃくちゃやわらかい！ ほぼ素っ裸でガツガツいきました。お行儀が悪くてすみません。これは自分だけの空間、ほかに誰もいないからこそできる食べ方です。

ひと月、頑張った自分へのご褒美カレーとして。

高級なホテルの上質なカーペットの上で、素っ裸でスリッパも履かずに仁王立ちで一心不乱に食べたあのときのカレーは、僕にとっては間違いなく人生最高の一食でした。

Hotel Okura Kyoto

café LEC COURT

ホテルオークラ京都
カフェ レックコート

京都府京都市中京区河原町御池
075-254-2517
https://www.hotel.kyoto/okura/

黒毛和牛ビーフカレー　3,500円（税サ込み）
右近さんがオーダーしたルームサービスで提供されるカレー3,400円（サラダつき／税サ込み）とほぼ同じものが1階のカフェで食べられる。玉ねぎやセロリなどの野菜と一緒に4〜5時間じっくり煮込んだやわらかな黒毛和牛入り。サラダ、コーヒー（または紅茶）つき。

※価格は2024年4月時点のものです

単品もあいがけも！大好きなレトルトカレーで夢の一皿

手軽にお店のカレーが自宅で味わえる、それがレトルトカレーの魅力です。スパイスカレーや欧風、ご当地ものなど、とにかくいろんなものがこの現代では手に入ります。スーパーやコンビニで買えるリーズナブルなものもあれば、一箱で1000円以上するようなものもあります。世の中には美味しいレトルトカレーがたくさんあって本当に幸せです。

そんな中で僕の一番のお気に入りは『ミャンマーチキンカレーチェッターヒン』（以下『チェッターヒン』）。ケンケンカレーのところでも触れたのですが、料理研究家の保芦ヒロスケさんが作られているカレーです。僕は『チェッターヒン』の極辛が大好き。マイルドタイプもありますがやっぱりガツンとくる辛さが美味しいんです。ヨーグルトを添えて食べるのもおすすめです。

それに次ぐお気に入りが同じくヒロスケさんがお作りになった『ミャンマーポークカレーウェッターヒン』の極辛。これもケンケンカレーでコラボしましたが、大きな豚バラ肉がゴロゴロっと入っていて満足感があるんです。

『エピタフカレー監修 ケララ風チキンカレー』もお気に入りの一つ。新宿のエピタフカレーの定番メニューのレトルトです。インド・ケララ州でよく食べられるココナッツ入りのチキンカレーで、スパイスカレーを食べ慣れていないかたにとっても食べやすい味だと思います。

最近ヒットだったのが北野エースの『大人のためのビーフカレー』。すっきりしているのにコクがあって、いいバランスの酸味がまた食欲をそそるんです！ 具材の大きさや量のバランスもよくて食べやすくて、カレー好きはもちろんカレーに執着がない人も楽しめる万能カレーだと思います。

レトルトは単品で食べてもおいしいですが、僕は「あいがけ」もおすすめしたい！ 「あいがけ」というのは、ひとつのお皿に複数のカレールゥをかける食べ方です。お店でもあいがけを出しているところはありますが、家庭で作るレトルトのあいがけカレーは自分の好きな組み合わせで楽しめますからね。

いちばん好きなのが『チェッターヒン』×『富良野スープカレー　厚切り豚バラ肉入』。テレビ番組でも話しているんですが、あらためてこの組み合わせのよさをご紹介しましょう。『チェッターヒン』の辛さと『富良野スープカレー』の酸味という味の違いとバランスがポイントです。ルゥの質感も『チェッターヒン』はドロッと『富良野スープカレー』はサラッとしていて、こちらも違いがあっていい。ドロッとしたルゥをサラッとしたスープカレーのほうに少し混ぜて食べるのも楽しいです。

「あいがけ」は1＋1が2になるだけでなく、魅力が何倍にもふくれ上がるんです。『チェッターヒン』の具材はチキンで『富良野スープカレー』のほうはポークですからね。チキンとポークの両方が楽しめるのもうれしい。この2品があれば、夢が広がる最高の一皿が堪能できます！

無印良品のレトルトでのあいがけもおすすめです。定番人気商品のグリーンカレーとキーマカレーのあいがけもめちゃくちゃ美味しい。同じメーカー『素材を生かした』カレー同士で、見ためとは裏腹に相性がいい。男女のおつきあいにたとえるなら、気がつけば交際が始まっていたというくらい自然な相性の良さ。こちらもドロッとしたキーマとサラッとしたグリーン、ドロッと×サラッとの組み合わせです。

『100％！アピールちゃん』という番組でカレー好き芸能人のかたがたとレトルトカレーのあいがけをプレゼンし、戦うコーナーを半年くらいにわたってさせていただいたのですが、そのときカレーのエキスパート、スパイス料理研究家の一条もんこ先生にグルタミン酸やイノシン酸といったうまみ成分が、かけ合わせによって強化されることを学びました。つまりカレーのあいがけは、野菜メイン×肉メインみたいに違う具材を合わせたほうが化学的にも美味しさが増すんです。ドロッと×サラッとっていうのも同様で、理にかなっているそう。

僕は料理をしないのでただ感覚的にやっていただけですけど、番組が実証してくださり、自信を持っておすすめしています。

一方で『チェッターヒン』と『ケララ風チキンカレー』のようなチキン×チキンという組み合わせもこれまた絶妙にいいんですよ。近しいもの同士を合わせてみることで違いが際立ってくるのがおもしろい。ジャンル的には親戚同士みたいな感じですけど、やっぱ違いもあるよねって。でも似た者同士だから合わないわけがないんです。

あいがけをするときはごはんを真ん中にダムのようによそって、両側にレトルトのカレーを注ぎ入れます。両端からそれぞれすくいながら食べていくとだんだんごはんが減って、途中でルゥが混ざり合うんです。ちょっと漏れ出したら、もうそこからは大胆に混ぜる。僕はそれをダムの決壊と呼んでいます。あいがけカレーはひとつの皿の中で、一方はスパイスがきいたチキンカレー、もう一方はスープのポークカレーみたいな2種類の味が楽しめるうえに、途中からはミックスも楽しめる。最初から最後まで存分に堪能できる華麗なるコースの完成です。

レトルトカレーをいつも買うのは僕がアンバサダーを務めている『カレーなる本棚®』。北野エースさんがやっていてレトルトカレーのパッケージを本の様に陳列するという画期的な見せ方で、まるで本を選ぶように僕もパッケージのすみまで見てチェックしています（笑）。あとは銀座や有楽町にあるアンテナショップでご当地カレーチェックですね。地方に行ったときもそうですが、お土産品の中で「こんなのあるんだ!?」って目についたものを買ったりしています。

最近はレトルトカレーを人からいただくことも増えました。僕がカレー好きなことを知っていただいてだと思いますが、本当に感謝しております。

レトルトカレーの温め方は、湯煎と中身を器に移してレンジにかける方法に分かれますが、僕は湯煎派。レトルトを温めるための専用の小型家電も使ったことがあるのですが、家ではやっぱり湯煎がいいなと思います。この家電も便利だったので使い勝手のいい人もいると思います。

ただ、僕が湯煎のぬくもりが好きなんです。レンジの熱はかげんを知らないことがあって。尋常じゃないくらい熱くなったり、ぬるいところができたりでムラができるでしょ。「まだ真ん中ぬるかったか！」「でも触ると熱い！」って（苦笑）。僕がかげんを学べばいい話なんですが、やっぱり湯煎が一番です。せっかく手軽に食べられるのに手間をかけていますが、これはきっと気持ちの問題。湯煎という愛を僕なりにこめているんです。

＼あいがけで美味しさアップ！／

最愛♥レトルトカレー

右近のおすすめ
あいがけ
01

×

★
富良野スープカレー
（厚切り豚バラ肉入） 1袋260g

JAふらの
https://www.ja-furano.or.jp/processed/main

とろとろに煮込んだ大きな豚バラ肉のうまみと野菜の甘みが楽しめる、北海道のおいしさがギュッとつまったスープカレー。

★
ミャンマーチキンカレー
チェッターヒン【極辛】 1袋250g

HIRO TOKYO
https://shop.hirosuke-curry.com/

たっぷり入ったスパイスと時間をかけて炒めた玉ねぎの甘み、ピーナッツオイルが香り立つ本格ミャンマーチキンカレー。やわらかく煮込んだ大きな手羽元2本入り。保存料・着色料・化学調味料・小麦粉不使用。【マイルド】もあり。

Ukon's Recommend

Retort Curry

右近のおすすめ
あいがけ
02

×

★
エピタフカレー監修
ケララ風チキンカレー 1袋200g

エピタフカレー
https://epitaphcurry.base.shop/

新宿の人気カレー店・エピタフカレー監修。インド・ケララ州で食べられるココナッツ入りのチキンカレーを、スパイスの刺激はそのままに日本人向けにアレンジ。玉ねぎ・トマトのうまみとココナッツミルクのコクが大きな特徴。

★
ミャンマーチキンカレー
チェッターヒン【極辛】 1袋250g

HIRO TOKYO
https://shop.hirosuke-curry.com/

たっぷり入ったスパイスと時間をかけて炒めた玉ねぎの甘み、ピーナッツオイルが香り立つ本格ミャンマーチキンカレー。やわらかく煮込んだ大きな手羽元2本入り。保存料・着色料・化学調味料・小麦粉不使用。【マイルド】もあり。

★マークの商品は北野エースWEB SHOP（https://kitano-ace.jp/）で購入可能です。
北野エース店頭での取り扱い状況は店舗により異なります。詳しくはお近くの店舗までお問い合わせください。

Ukon's Recommend

Retort Curry

右近のおすすめ
あいがけ
03

×

素材を生かしたカレー
キーマ　1袋・180g

無印良品
https://www.muji.com/jp/ja/store

にんにくとしょうがの風味がきいた鶏のひき肉に香辛料のガラムマサラを加え、香り高く仕上げた北インド風のキーマカレー。スパイシーで食べやすい中辛。

素材を生かしたカレー
グリーン　1袋・180g

無印良品
https://www.muji.com/jp/ja/store

青唐辛子の辛さとレモングラスなど6種類のハーブのさわやかな風味とココナッツミルクの甘みのあるコクが特長のタイカレー。鶏肉と筍、ふくろたけ入り。本格的な辛さ。

★ ミャンマーポークカレー
ウェッターヒン【極辛】
1袋250g

HIRO TOKYO
https://shop.hirosuke-curry.com/

特大豚バラ肉がゴロゴロッと2個入ったボリューム感のあるカレー。スパイスと玉ねぎの甘み、ピーナッツオイルのうまみと香りを引き出した本格ミャンマーポークカレー。保存料・着色料・化学調味料・小麦粉不使用。【マイルド】もあり。

★ キタノセレクション
大人のためのビーフカレー
1袋180g

北野エース
https://kitano-ace.jp/

角切りの牛肉がゴロゴロッとぜいたくにIN。牛肉の美味しさと野菜の甘みがしっかりとけ込んだオリジナルのカレーは3種類のカレー粉を使用。ほどよい辛さとうまみが◎。

デリバリーやテイクアウトとの向き合い方

カレーはお店に食べに行ったり、レトルトを自宅で食べたりするのも好きですが、デリバリーやテイクアウトのカレーも大好きです。

いろんな形で楽しめて、食べるための制限があまりない点もカレーのいいところですよね。一期一会で、意外な出会いがあるもの。

さかのぼること2019年の年末に『風の谷のナウシカ』を上演していた当時は、外出する時間がないけど僕の舌と胃は相も変わらずカレーを求めていました。出かけられないなら届けてもらえるところはないかと、新橋演舞場からUbereatsが使えるところを調べたんです。

『カレーは飲み物。』のカレーは美味しいよって誰かが言っていたな……というのをふと思い出しました。比較的近い店舗からデリバリーできることがわかって、この機会に食べてみようかなと「ガリ豚のせ黒い肉カレー」っていうのを注文してみたんです。

『カレーは飲み物。』のメニューは大きく「黒い肉カレー」か「赤い鶏カレー」の2種類で、あとは辛さ調節とかごはんの分量やトッピングで変化をつけて楽しむスタイル。「ガリ豚」っていうのはガーリックと豚バラ肉のことです。

届いたカレーを食べたら「何これ！　めっちゃ美味しいじゃん！」と感動して。それがきっかけで好きになって、よく頼むようになりました。ガーリックとカレーの相性ってめちゃくちゃいいんですよ。「豚、本当に美味いな」と思いながら、食べていました。

デリバリー用の容器が二段重ねというか、下にごはん、上には熱々のカレールゥとガリ豚が別に入っていて、それをごはんにバコーンとのっけて食べるようになっているんですね。だからごはんの入っている容器がちょっと深い。デリバリーならではの独特な盛りつけになるんですけど、そこも結構気に入っています。

ルゥと豚を少しずつのせるのか、一気にのせるかで、またペースや配分が変わります。僕は最初こそ勢いよくのっけちゃうんだけど、そこから先の食べ方はごはんが取り残されないようしっかり考えます。そんなところもカレーらしいエンターテインメント要素。ルゥも店名で〝飲み物〟って謳っているだけあって、すごくサラサラしていて僕好みのカレーなんです。

僕はスパイスカレーなら具材はチキンが好きなんですけど、デリバリーで頼むカレーは豚が多いんです。なんでだろう? あんまり理由を突き詰めたことはないんですが、少々冷めても美味しいとか?

もうひとつ、こちらもデリバリーはもちろんお店でもテイクアウトでもお世話になっている『カレーハウスCoCo壱番屋』(以下『ココイチ』)です。『ココイチ』では必ず豚しゃぶカレーを注文します。チーズと半熟卵をトッピングで辛さは2辛か3辛にしています。

トッピング選びはとても重要。僕はチーズと卵のトッピングがいちばん好きです。辛いカレーは好きだけど、チーズや卵が加わると味に丸みが出て角のない辛さになります。こうした化学反応があるのもカレーの魅力。ソースはあえて辛めに設定して最初は辛さを楽しみ、途中からチーズや半熟卵を混ぜることでマイルドな辛さを楽しむ。自分で手を加えて味変できるという優越感もあります。「ただただ辛さに翻弄されているわけじゃない。この皿は自分好みに支配しているんだ！」っていう感覚。完全に自己満足ですけれど（笑）。最初からマイルド・まろやか・クリーミーのよさもありますが、僕は自分で手を加えることを楽しんでいます。

デリバリーはトッピングがある部分とない部分の違いも堪能できてバリエーションが生まれます。例えばトッピングの卵がカレーと別に届くスタイルだったら、僕は卵をカレーではなくごはんに混ぜます。つまり、卵かけごはんみたいにしておくんです。ムラにならないように、まんべんなく混ぜるようにします。『ココイチ』の場合も半熟卵をごはんにのせてから食べます。そこからルゥを食べにいく。トッピングの卵は生卵であっても半熟卵であってもごはんのほうにのせるというのが僕なりの食べ方になっています。

どちらも辛さやごはんの量、トッピングが選べるところがうれしいですよね。自分らしくカレーと向き合うことができる。そんな食の楽しみ方ができるのもカレーの魅力だと思います。

カレーハウスCoCo壱番屋

https://www.ichibanya.co.jp/

豚しゃぶカレー+チーズ+半熟タマゴ
ライス:300g　辛さ:2辛
薄切りの豚肉とほどよく煮込まれた玉ねぎが絶品のカレー。ライス量は150〜900g以上（標準は300g）から選択、辛さも甘口〜20辛（標準は普通）で選べる。トッピングもバリエーション豊富で、自分好みの究極のカレーにカスタマイズできる。

カレーは飲み物。秋葉原店

東京都台東区台東1-9-4
https://nomimono.co.jp/brand/curry/

ガリ豚のせ黒い肉カレー　2,090円（税込み）
本格欧風のフォンドボーがベースになった豚肉の黒カレーに、甘辛な醤油ベースのタレで香ばしく焼いた豚バラ肉とにんにくのガリ豚をトッピング。※お弁当には、味玉・福神漬け・ポテトサラダ・フライドオニオンの4点もプラス。

カレーの守備範囲は無限大
カレー〇〇との出会い

カレーには「カレーライス」のほかにも「カレー〇〇」という派生のものがたくさんありますよね。カレーそば、カレーうどん、カレーラーメン、カレーパスタ、カレーパンのように、どんな料理もカレーソースと組み合わせられます。やはりカレーは素晴らしい。

「しょうゆ味」「みそ味」「コンソメ味」みたいなバリエーションのひとつとして、カレーではないけどカレーの風味をつけた「カレー味」というのもあります。カレースナック、カレーせんべいとかね。どんな食べ物も「カレー〇〇」になる、これがカレーの懐の広さだと思います。

カレー塩というのもありますよね。天ぷらを食べるときにカレー塩が出てきたことがありまして。「普通のお塩がいちばんいいでしょ、カレー塩だと天ぷらをじゃまするのでは？」と一瞬よぎったんですが、食べてみたらめちゃくちゃ美味しかった。カレー塩が天ぷらの美味しさをちゃんと引き立ててくれるんです。主役にもなれるし、脇にも回れる。やっぱり最高にして最強なんですよ、カレーってやつは。

いまでこそこんなこと言っていますが、以前は「カレー○○」というものにちょっと抵抗を感じていた時期もありました。なんでわざわざカレーパンとか食べるんだ、カレーにはライスだろ！って。

昔は、僕がカレーを好きなことを知っている人が「ケンケン、カレー味あるよ」ってカレーじゃないカレー味の何かをすすめてくれたことがあるんですけど「いや、それはカレーじゃない！あくまでもカレー味であってカレーではない！」って内心思いつつ「ありがとうございます」といただいていました。カレーは懐が広いのに、あの頃の僕の心は狭かった。

意識が変わったのは国立劇場の近くのお蕎麦屋さん『麹町 長寿庵』の出前で、カレー南蛮を頼んでからです。楽屋で食べたときに「なんだ、この出汁《だし》とカレーの辛み！めちゃくちゃ美味しいぞ!?」と衝撃を受けました。

当時はライスに未練がもちろんあるので、このカレー南蛮を食べたあと白いごはんをバコンと入れたらさらに美味しいに違いない！と追加で白いごはんを入れました。「そばも美味いし、ごはんも美味い！」最高なカレーの二段活用をさせていただきました。

これをきっかけにカレー南蛮の美味しさを知り、カレーは引き立て役としても最高じゃないか！と、カレーの世界がまたひとつ広がった瞬間でした。僕の中で「カレー○○」もありだ！という考え方に変わったんです。

もうひとつ「カレー○○」で好きなのが、カレーパン。特に『天馬』のカレーパンと『ポンパドウル』のカレーパンが大好物。

カレーは僕にとってはスピーディーに食べられて栄養がとれる完全食なんです。でもその時間すらもないってときに重宝するのがカレーパンです。パンでもやっぱりカレー味を欲してしまう。ピザパンとかにはいけないんです。そっちも美味しいのはわかっているんですけど。カレーパンに関しては、カレーライスが食べられないときにあったらうれしい存在です。

以前、とある撮影が終わったあとに「お疲れさまでした。乾杯用にビールを準備しています」と言われて行ってみたら、なんとそこにたくさんのカレーパンが用意されていたんです。お疲れさまのビールとカレーパンは最高の組み合わせでした。

カレー〇〇ではないのですが、『なのにカレー』という、カレー専門ではないお店が出す美味しいカレーを巡るテレビ番組に出演させていただきました。僕自身は『なのにカレー』で「老舗うなぎ屋さんなのに、行列ができるカレー」と「胡椒屋さんなのに、いままでにない新感覚のカレー」をいただきましたが、そのどちらも美味かったです。

どこでもどんなお店でも出会える、カレーの守備範囲は無限大です。

美味しいカレーと過ごすチャンスは、多ければ多いほどいい。だから僕はこれからも、カレーそばやカレーパンなどの「カレー〇〇」や、カレー専門店ではないのに美味しいカレーに出会う機会と選択を、心の底から楽しんでいきたいと思っています。

カレーそば&カレーパン

Curry Soba & Curry Bread

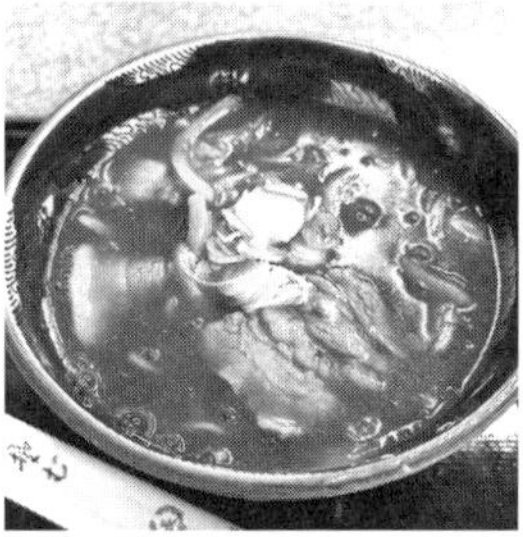

麹町　長寿庵

東京都千代田区隼町2-15
☎03-3263-0026

カレー南蛮（そば） 1,100円（税込み）
しっかりと出汁がきいたとろみの強いカレーつゆに、たっぷりの豚肉と玉ねぎが入ったカレー南蛮。長ねぎと大根おろしを添えて。そばかうどんを選べる。

※価格は2024年4月時点のものです

ポンパドウル　銀座店

東京都中央区銀座7-7-12
ニューコンパルビル1階
☎03-5537-0840
https://www.pompadour.co.jp/

横須賀海軍カレーパン
270円（税込み）
日本のカレーのルーツといわれる、横須賀海軍カレー。その『海軍割烹術参考書』のレシピを参考に作られたカレーを包んだカレーパン。まろやかでうまみのある甘口カレーと、自家製フランスパン粉のザクザクとした食感が楽しめる。

天馬　青山店

東京都港区南青山3-8-40
青山センタービル1F
☎03-6434-0590
https://www.n-rs.co.jp/brand/shopinformation/

とろ～り半熟卵カレーパン
250円（税込み）
じっくり炒めた玉ねぎやデミグラスソース・りんごを加えマイルドに仕立てたカレーで、半熟卵を包み込んだコク深い味わいのカレーパン。

「おやつにもカレースナック！カレーを食べたあとでも別腹」

カレーライス以外のカレーのバリエーション、僕はカレーの二次使用って言っているんですけど、それはお菓子にも浸透していますよね。

昔からある定番の味もあれば比較的新しいスパイスカレー味のものもあって、あればついついつい手が伸びてしまう。

カレーライスがないならカレーパンを、カレーパンがなければカレースナックを食べればいい。カレー味のお菓子やスナックも割とよくいただく機会がありま す。

楽屋でも、よくつまんでいますね。舞台用にお化粧しちゃうと口をあまり大きく開けられないので食べることは控えるんですけど、そのとき以外は近くにカレースナックがあったらいただいちゃいます。スパイスカレーを食べたあとでもカレーパン、そしてカレースナック、全然いけます。カレーライスがないならと言いましたが、結局別腹です。

カレー味のスナックでも、お煎餅タイプやひねり揚げのようなカリカリタイプと、ぬれ煎餅のようなしっとりタイプなど、いろんなアプローチがあって楽しめます。

カレーとラーメンはどちらも人気な食ジャンルですけど、ラーメン煎餅とかってないですよね。あ、ベビースターがありますね（笑）。ただ「ラーメンをそのまま食べる」という発想から生まれた歴史あるベビースターラーメンにも、なんとカレー味があるんです。つまりカレーはどれだけ強いんだって話です。

ライスでもパンでもスナックでも、いつだってカレーは僕らの近くにいてくれます。さぁ、今日のおやつはどのカレースナックにしようかな？

亀田製菓
亀田のカレーせん

煎餅＋カレー粉で唯一無二の味に

カレースナックと聞いてこれを思い浮かべる人は多いと思う。ハッピーターンの親戚みたいな感じでちゃんとお煎餅の味がするのがいい。カレーに染まりきってないところが魅力です。

カルディコーヒーファーム
しっとりカレーせん

インドのカレーがこれ1個で味わえる

しっとりをうたっている煎餅って難しいところがあると思うけど、これは「湿気った?」とは一切思わせない完成度でちょうどいい塩梅。インド感はこれがいちばん強い印象です。

No.2

まるせん米菓
エチオピア監修 のったりサクサク 半熟カリーせん

エチオピアの味が再現されています

エチオピアのカレー同様、スナックなのに油感があるのがすごい。1回ルゥに沈めたのか!? ってくらい、味と油がしみてます。めちゃくちゃスパイシーなカレー味ですね。

No.3

歌舞伎あられ池田屋
IKEDAYA カレー揚げ

味変が楽しめるしっとりめな食感

ちょいしっとりサクサクな揚げ煎ですね。味も非常に奥深い。時間とともに絶妙な味変があるので最初に食べたときの感動が大きい。カレーの味は日本っぽい感じです。

UKON's FAVORITE CURRY SNACK

カレースナック食べてみた

山盛堂本舗
カレーのおせんべい 和風カレー味

名前に偽りなし！出汁の味が和風

カレーそばとかで味わえるような出汁感がすごく強い。歯ごたえもしっかりあって、お煎餅としての食感もいいです。カレーそばが好きな人はきっと気に入ると思います。

まるせん米菓
半熟カレーせん

煎餅感とカレー味 求めるものが合体

これもぬれ煎系ですね。煎餅感がしっかりありつつ、しかも中まで味がしみ込んでいる。結構油も強いはずなのにそこまで重くなくむしろ軽い。これは止まらなくなります。

もへじ
昔ながらの ひねり揚げカレー味

あとからやってくる スパイシーさ！

香ばしさがいいです。口に入れてかんだ瞬間は食べやすいカレー味のように思えるけど、あと味でしっかりとカレーのスパイスが乗っかってきます。

大和製菓
やまとの味カレー

ノスタルジックな マイルドカレー味

カレーとしてのスパイシーさはあんまりなく、ほんのりとやさしいカレー味。刺激とパンチは薄い分、小さい子どもからご高齢のかたまでみんなが楽しめる万能カレースナックです。

Ukon Onoe × Nair Yoshimi

華麗なるカレー対談

Special Talk

尾上右近 × ナイル善己さん

「ナイルレストラン」三代目店主

さっきまで舞台にいた人が目の前でカレーを食べている!?

右近　僕らの関係って、親戚、もしくはご近所みたいな感じですよね。

ナイル　血は繋がってないけど、家族みたいに仲がいい。本当にしょっちゅう来てくれてね。気さくだし、かわいいから応援もしてるんだよ。

右近　僕の自主公演のポスターとかも貼ってくださっててね。

ナイル　毎月の歌舞伎のポスターは貼っているけど、個人のやつはケンケンのしか貼らない。応援の証しだよ。

右近　ありがたいです。

ナイル　うちのお客さんには歌舞伎のファンのかたもいらっしゃるから、ケンケンが来るとお客さんがざわつくわけよ。プライベートだから邪魔し

ないでね、ちょっとだけねって言ってるんだけど。ケンケン、いつもすごくやさしいんだよね。いつだったか、ケンケンと（中村）隼人くんとみっくん（坂東巳之助）が来たときは、マダムたちの盛り上がりがすごかった。出ていったあと、店の外まで追いかけて、サインくださいって。

右近　ありましたね。でもあんまりプライベートって感じじゃないんですよ。ナイルは近すぎるから。いろんな人に会うし、普通にさっきまで（歌舞伎を）見ていたっていう人もいる。僕は食べるのが早いんで、お客さんよりあとから店に入って、そのお客さんより先に出ちゃったりするんで。

ナイル　とにかく早い（笑）。

右近　だからお客さんからしたら、

「えっ、何事!?」って状態だと思います。さっきまで（舞台に）出ていた人が目の前でカレー食べていて、あっという間に出ていくから。

ナイル　ケンケンの姿が見えるとうちのスタッフが、**「来た!」**って、スタンバイ入りますからね。海老カレーはどうしても、海老をゆでる時間がかかっちゃうけど、ムルギーランチならほぼできているから、あとは盛りつけるだけなんで。

右近　お店だけじゃなくて楽屋でもさ、みんな浴衣にカレーのシミをつけながら食べていたからね。それぐらい、日常にナイルの痕跡があるんです。中村屋とかもファミリーで、親子で食べているわけですよ、楽屋で。廊下から漂う香りで、今日はあそこがナイルだなって。歌舞伎座関係で食べたことがないっていうのは、よほどの変人です（笑）。

ナイル　そういえば、飲みすぎた翌日に、うちの海老カレーを食べると胃が目覚めるらしくて。歌舞伎座の人たちの間では二日酔いでナイルに行くことを**「薬局に行く」**って言うらしいんだけど、聞いたことある？

右近　いや、知らない（笑）。誰が言ってるんだろう？　でも確かに、そういうタイミングで僕の師匠の（尾上）菊五郎さんは楽屋でよく食べています。薬局じゃなくて、ナイルに薬を持ってきてもらっているような状態かな。
ナイル　スパイスって胃薬的な働きもあるし、食欲なくても食べられるから。ケンケンがすごいと思うのは、普通は皆さん、昼の舞台終わって3時くらいに食べに来るけど、ケンケンは、うちで食べてから舞台に出るでしょ。大丈夫なの？
右近　役によりますね。女形のときは、食べたあと苦しいです。帯が。
ナイル　でも食べちゃうんだ（笑）。
右近　食べたいのにがまんするのは精神的によくないから（笑）。歌舞伎座関係者以外だと、役者の浅野和之さんもナイル好きですよね。
ナイル　ヤバイよ、あの人は（笑）。
右近　すごいですよね、あの人。ナイルにカレーを食べに、というよりは、お酒を飲みに来る。フライドチキンとか頼んで。僕、初めて食べましたからね。浅野さんのスタイルでナイルで飲んだときは、よく知っている人の知らない一面を見た感じだったな。ナイルで、こんな楽しみ方があったんだ!? って。未だ見ぬナイルの秘密を知ったという（笑）。
ナイル　〝居酒屋ナイル〟ね（笑）。
右近　あろうことか、ナイルでベロベロになりましたから（笑）。浅野スタイル、恐るべしですよ。ベロベロなナイルの時間、楽しかったなぁ。
ナイル　ワインをけっこう飲んだもんね。あれはイレギュラーな楽しみ方だったけど、ケンケンはいつも頼むものがだいたい決まっているよね。ムルギーランチを頼むか、海老カレーを頼むか。そこにチキンマサラを合わせるか合わせないかっていう。うちの従業員もみんな覚えてる。

Ukon Onoe
×
Nair Yoshimi

Ukon Onoe × Nair Yoshimi

Special Talk

どれも全然違うのにナイルの色がある

右近　僕は基本的に、ナイルのカレーだと看板メニューのムルギーランチ一辺倒だったんです。もう10年ぐらいそのスタイルでした。ある日、（ナイルさんの）お父上にごはんとチキンマサラを教えていただき、しばらくチキンマサラが続いて、そこからどうせなら両方がいいなって、ムルギーランチにチキンマサラを頼むようになった。どっちか一つじゃなくて、どっちもっていうね。もう本当におなかパンパンになるんだけど、そういう挑戦をしたくなるタイミングが来るんです。さらに、辛くてうまいって評判の海老カレーが気になってきて。これがもう、サラッサラなんですよ。でもちゃんと辛い。どれも全然違うのに、ナイルの色がしっかりあるわけです。あれ、なんでなんですか!?

ナイル　ナイルスパイスのせいだ。もう引退しちゃったけど、いつもフロアのマネージャーのラジャンと**「チキンマサラ食べるの？　食べないの？」**みたいなやりとりをしてた。

右近　ラジャンさんは新規のお客さんにも片っ端からムルギーランチをおすすめしていましたよね。メニューを出さずして、ムルギーランチかな？　って。その段階でもう、**「えっ、メニューは……!?」**とか、絶対に聞けない。聞けナイルなんですよ。

ナイル　聞けナイル（笑）。

右近　**「メニューください」**なんて絶対、言えナイルです。**「そっか、これが定番かぁ……めっちゃうめぇ！」**っていうのがしばらく続いて、ほかのも試したいなってなるまでに、結構時間がかかるんですよね。僕も10年かかりましたから。

ナイル　ムルギーへの圧がすごいか

ら、頼めないもんね。雰囲気的に。

右近　スープも実はおすすめです。これ、ほかで言ったことないんだけど、あれ、うまいですよね。

ナイル　赤いスープでしょ。ラッサムって名前なんだけど。

右近　わけのわからないうまさです。あれは是非説明してくださいよ。

ナイル　トマトベースにクミンとブラックペッパーを効かせているスープでね、すっごい辛いんです。うちではいちばん辛いんじゃないかな。

右近　手かげんを知らない辛さです。

ナイル　あれ飲むと胃が目覚めるよね。さぁ、カレー食べるぞ！って。

右近　ベースができるってことですね。あとアチャールもおいしい。

ナイル　いわゆるお漬け物ね。

右近　すっぱ辛いんですよ。食べたそばから血液がサラサラになってくる感じがするの。玉ねぎをあれ以上活かした料理、ほかに知らないです。

ナイル　アチャールと海老カレーの相性は抜群だから、まかないはいつもその組み合わせで食べてるよ。

右近　まかないの話、聞きたい！

ナイル　基本はお客さまと同じものを食べつつ、たまにメニューにないものも作る感じ。ガチのインド料理をね。ナイルのメニューは70年前からのもので、ガチのインド料理とはまた全然、別モノだから。

子どもができたら
離乳食もナイルで!?

右近　以前、いままで築き上げられてきたものを受け継ぐのが自分の使命だって話をされていたじゃないですか。逆に、1回違うことをやってみたいというのもあったんですか?

ナイル　いや、基本は変えないけど、時代によって少しずつアップデートはしなきゃいけないんだよ。変わらずに成長するっていうのを、気づかれないレベルでやっていて。

右近　そうなんですか!

ナイル　**「味変わったね」**って言われることもあるけど、変えてないよ。

右近　少し前に京都の料理屋さんでお話を聞いて、時代とともに変わらない味だと思っていても、人の味覚

は時代によって変わっていくから、それに合わせて味も変えていくって言っていたんです。変わらない味だと言われる秘訣は、変えていくことなんだって。それがナイルでもされているってことなんですね。

ナイル　微妙にね。時代に合わせて、ちょっとだけチューニングする。でも大きく変えちゃうと本当に変わっちゃうから、微妙なアップデートを繰り返すんです。

右近　僕ね、実はカレーと歌舞伎って似ているなと思っていて。そもそも、カレーの定義ってなんですか？

ナイル　カレーって言葉はインドにはないんです。あれ英語だから。

右近　は〜！　やっぱり似てるわ、歌舞伎と。漢字で歌舞伎って書くのも、

※初代の歌舞伎座　明治22年（1889年）に建てられた歌舞伎座（諸説あり）

初代の歌舞伎座（※）ができたときからなんです。それまでは平仮名の「かぶき」だった。

ナイル　欧風カレーだって日本人が作ったものだし、カレーって言っちゃえばもうみんなカレーになるの（笑）。

右近　やっぱり似てる。歌舞伎もね、歌舞伎役者がやれば歌舞伎なんです。だから僕にとっては歌舞伎にも定義ってないんです。

ナイル　ケンケンは歌舞伎の家に生まれて清元で、僕はカレーの家に生まれたわけだけど、最初は継がないって言って、家を追い出されたりしていたんだよね。ケンケンは？

右近　役者としてはもっと有名になりたい、いい役がやりたいっていうのが強かったから、清元を継ぐっていう選択肢はないと思っていたんです。でも、できるってことになって。役者は好きだから客観性っていうのがあんまりなくて、清元に関しては、好きと同時に責任が生じている。音楽劇のジャンルとして清元っていうのがあるって、知らない人がたくさんいる。そこは工夫して広めないとだし、今後は好きという情熱と、責任という客観性のバランスをとりながらやっていきたいなと。

ナイル　そうね。僕も自分の代になってからは、責任と不安は大きくなった。でも不安があったほうが自分を鼓舞して頑張れるから。ケンケンもきっと、もっといい役者になれると思うよ。応援してるからね！

右近　ありがとうございます。にしても僕、最近、ナイル行けてないんですよねぇ。ナイル時間が足りない。

ナイル　この間、隼人くんのマネージャーさんがテイクアウトしていったのに、またすぐに戻ってきて。**「ケンケンにとられちゃったよ（笑）」**って言ってたよ。

右近　違うんですよ。**「うわ、ナイルだ！　いいなぁ、この時間にナイル、最高だなぁ」**って言ったら**「食べる？」**って（笑）。俺は食べたいなんて、一言も言ってないのに。

ナイル　アハハハ！　ナイルは歌舞伎役者さんみんなに愛してもらっているんですけど、その中でも（右近さんは）トップ・オブ・トップ。

右近　ナイル好きとしては、（中村）勘三郎さん、（市川）團十郎の兄さんがいて、そのあとに僕が続いてっていう感じかな。隼人とか、僕らの世代もみんな好きですよね。あとは、僕らの次の下の世代がどう続くか。連れていくとかはしないですけど。
ナイル　え〜なんでよ（笑）。
右近　むしろ、いつハマるかなと思って見ていたいんです。（市川）染五郎、（市川）團子世代もね、絶対、目覚めますから。彼らももう、知ってはいるんですよね。勘玄（市川新之助）まで行っちゃいますよ。
ナイル　勸玄くんと（市川）ぼたんちゃんはお父さんと一緒に来るよ。
右近　あそこはもう英才教育です。團十郎さん一家は普通に2階で食べ

Nair Yoshimi

PROFILE

ナイル・よしみ●1976年3月14日生まれ。日本で最初のインドカレー店「ナイルレストラン」三代目店主。インド独立運動家であり、「ナイルレストラン」初代創業者のA.M.ナイルを祖父に持つ。インドのゴア州にあるアカデミー・オブ・カリナリー・エデュケーション（A.C.E）で料理を学び、ホテル・シダデゴアの厨房で働いた経験を持つ。著書に『ナイル善己のやさしいインド料理』『ナイルレストランが教えるはじめてのインド料理』などがある。

てますもんね。なんかもう、ファミレスみたいな感じで（笑）。

ナイル　だからケンケンが結婚して、もし子どもができたらさ、ぜひ同じように来てほしいんだよね。

右近　もちろんですよ。離乳食の一発目はナイルでお願いしたい。

ナイル　豆のペーストとか離乳食にいいから、ダールカレーとかね。インド人の子どももみたいだ（笑）。

右近　離乳食カレー、めちゃくちゃおもろいですね（笑）。

第3章

CHAPTER 3

華麗なる出演作品とカレー

Ukon Onoe

Love ♥ Curry and Rice

歌舞伎はもちろん、舞台、ミュージカル、映画、テレビ番組など
出演作品ごとに思い出のカレーがあります。
その一部を紹介します。

『スーパー歌舞伎Ⅱ　ワンピース』支えてくれた４都市のカレー店

全国各地どこに行っても名物カレーがあるというのもカレーの秀逸なところだと思います。僕の仕事の思い出は必ずといっていいほどカレーがセット。

まずは『スーパー歌舞伎Ⅱ　ワンピース』（以下『ワンピース』）。

２０１５年の初演からとても気になる企画でした。世界中にファンがいる日本の代表的なマンガを歌舞伎化した作品です。自分も新しい試みに参加したいという思いがありつつも初演への出演はかなわず、憧れの気持ちで観劇しました。すべてにおいて衝撃的。音のつけ方、宙乗りの仕方、スピード感に構成、勉強になることばかりだなと見入っていました。

想像以上の完成度で、いま思えばメディアミックスのひとつに歌舞伎が入る先駆けになった作品でもありました。

その『ワンピース』に、幸運なことに2016年の再演からサディちゃんとマルコという重要なポジションの役で参加させていただくことになったんです。

この舞台で初めて挑戦した宙乗りは自分から「やりたい」と申し出たものの、僕は高所恐怖症なので実際にテストをする段階になって「これはヤバい」と本気で後悔するぐらい怖かった……。でもいまさら「できない」なんて言えない。覚悟を決めて頑張りました。

当時から稽古では代役でルフィもやっていました。それが実はオーディションみたいな感じだったようで、若手主体の公演の2017年の『特別マチネ 麦わらの挑戦』では主役のルフィを任せていただきました。

そういった経緯もあり、急遽、ケガをされた猿之助さんの代役を本公演でも務めることになりました。僕は本公演で座長を務めた経験もないので、2カ月という長い公演期間、ペース配分なんて考えられません。役割を果たすために、とにかく一生懸命がむしゃらにやるしかない。自分が代役を務めることになって空席が目立つなんてことにはしたくないし、とにかくいろんな人をガッカリさせたくないという一心で、余裕なんて1ミリもない日々でした。

座長としての意識を持つ余裕すらなかったけど、とにかく精いっぱい自分が元気でやることによってみんながついてきてくれる。逆に自分が滅入った感じになると総倒れになってしまう。そんな感覚だったので、後ろを振り返ったり立ち止まったりせず、前を向くことにだけ意識を集中させました。


自主公演というものを僕は23歳から始めたんですが、それは「いずれは自分が真ん中に立つときが来るだろうからそのための訓練をしておきたい」というのが大きかったんです。特に根拠はなかったのですが、なぜかそういうときが20代半ばのうちに来る気がしていました。だからこの『ワンピース』で真ん中に立つ機会に直面したときは、自主公演を経験しておいたおかげで乗り切れたのかもしれません。

こういう正念場っていうのはきっとこれからも繰り返しおとずれると思いま

す。無限階段というイメージ。茨の道。

こんな僕の歌舞伎人生でも重大な局面だったときのカレー話です。新橋演舞場では昼公演と夜公演の間が1時間もないくらいだったので、とにかく時間が足りません。白塗りをいったん落としてシャワーで汗も流して夜公演の準備をして。食事の時間は10分もなかったんじゃないかな。

その短い時間の中で、僕はひたすら『ナイル』のムルギーランチを食べていました。チキンマサラも好きですがいろいろ食べている時間はないのでムルギーランチ一択です。時間はないけどエネルギーは補給したいので常に大盛り。たくさん食べて、公演でいっぱい動いて、しっかり消化していました。

名古屋・御園座の公演を一緒に駆け抜けてくれたのは『ココイチ』のカレーです。豚しゃぶカレー、チーズと温玉トッピング、2辛か3辛、ほぼ毎日これ。豚肉のやわらかさとよく煮込まれた玉ねぎがいい味を出してくれています。「終演時間に合わせて到着するように頼んでください」ってお願いして、楽屋に戻ったときはホカホカ温かいベストな状態で食べていました。

大阪松竹座のときのパートナーは『インデアンカレー』。劇場からパッとお店に行けるように、カレーを食べるためのスウェット上下を楽屋に置いていたくらい。それに加えてサッと出かける用に外履きも用意していたので、2分くらいでお店に着いていました。『インデアンカレー』の南店には『ワンピース』以前からよく行っていて、最長で25日間通ったことがあります。ひとつの興行中ず～っと食べに行っていたら、ちょっとずつお肉が大きくなっていったんですよ。無言のサービスだと思ってありがたくいただいていたら、千穐楽にあり得ないことが起こりました。なんとお肉が二つも入っていたんです！　基本は一つなんですよ。なのに二つも入っていたから、思わず「おっ！」と声が出てしまいました。「ありがとうございます、すみません」って（笑）。

2018年の大阪松竹座のときは『スパイスカリーて』にもよく行きました。ここはウメチキっていう梅干しが入っているチキンカレーが美味しくて。すごくサッパリしているカレーです。数種類から選んであいがけもできます。当時の僕はいまほどメディアに出てはいなかったんですけどお店のかたが「カレーお好きなんですよね、知ってます」と声をかけてくださって。それ以来、ちょこちょこ行っています。

2016年の博多座公演で記憶に残っているのは、『ツナパハ』というカレー店です。共演の浅野和之さんもカレー好きで「ケンケンも行ったほうがいいよ」って言われたのがきっかけです。それで食べに行ったらとんでもなく辛くて、とんでもなくクリーミーなカレーでした。

見た目のやさしい感じと味のギャップがもうたまらなくよくて。一皿で虜になって、大好きなお店になりました。

今後ぶつかるであろうさまざまな局面を、これからもカレーとともに乗り越えていこうと思っています。

『ラヴ・レターズ』の反省を活かせたカレー

朗読劇の『ラヴ・レターズ』にはじめて出演したのが、2017年12月。『ワンピース』新橋演舞場での公演を終えたあとでした。読み合わせをPARCOさんの演劇部のビル（渋谷）でやったんです。『ラヴ・レターズ』の初演時は、それまで歌舞伎以外の演技の経験が浅かったこともあって現代劇のセリフが難しく感じて、お芝居の上手い松井玲奈さんとの読み合わせのあと、めちゃくちゃ落ち込みました。渋谷にもたくさんのカレー店があるんですが、カレーも喉に通らないくらい。いや結局全て食べましたが、どのお店だったか記憶がありません。そのときの気分とカレーがセットで記憶されるんですけど、落ち込んだときって神経が過敏になっているから「玉ねぎ、こんなに細かいんだ……」って、普段気づかないところに感動して噛み締めたその記憶だけが残っています。「自分は今まで何をやってきたんだ……」と、反省深いカレーでした。

そんな僕に再演の機会をいただきました。今度のペアは剛力彩芽さん。同じく渋谷のPARCOさんのビルでの読み合わせでしたが、初演より上手くいった気がして。その時にマネージャーさんが「新しいカレー屋さんができたよ」って教えてくれて。その日はいい感触だったので、ご褒美カレーみたいな感じでウキウキしながら食べました。それが『カレーショップ初恋』（以下『初恋』）です。

かわいらしい店名ですが、しっかりとした個性のあるスパイスカレーです。数種類のカレーから2種あいがけ、3種あいがけもできるスタイルで、スパイスがしっかりきいているけどめちゃくちゃ食べやすくて美味しかったです。

この『ラヴ・レターズ』のご縁により、ありがたいことにPARCOさんや演出家の藤田俊太郎さんとは色々仕事をさせていただくことになりました。その中でもう一軒出会ったのが、PARCOさんのビルにとても近い『Kari Ka ri Spice -KKS-』です。このときはPARCOさんのビルでたくさんの取材を受けて、なんだか上手くお話しできた感触でした。このお店は週替わりで個性的なネーミングのカレーが提供されていて、ちょうどそのときの気分に合致するような、なんだか幸せにつつまれたネーミングのカレーをいただきました。そしてしっかりと幸せな気持ちになりました。

『ラヴ・レターズ』初演時の、あの反省カレーのおかげで素晴らしいお仕事仲間と幸せなカレー店の出会いをたくさんいただきました。どこのお店か覚えてないけど、あのときの玉ねぎの味は忘れないようにしたいと思います。

『ウォーター・バイ・ザ・スプーンフル』西新宿で味わったやさしさしみるカレー

『ラヴ・レターズ』のあとに同作のプロデューサーが僕を主演にキャスティングしてくださったのが2018年『ウォーター・バイ・ザ・スプーンフル～スプーン一杯の水、それは一歩を踏み出すための人生のレシピ～』という舞台です。

初めての翻訳現代劇で、正直もう何がなんだかわからない状態でした。それこそ舞台メイクひとつからしてどうしていいかわからなくて。

僕の役はエリオットという帰還兵で、心身ともに病んでいるドラッグ中毒者。稽古のあと「どうしよう、どうしよう」「主役なのに」って頭を悩ませながら帰る毎日。初の海外戯曲に加え、物語は重厚かつものすごくシリアスな題材でした。

歌舞伎界の先輩がたが活躍されているから、歌舞伎役者は現代劇もできるっていうイメージがあるじゃないですか。そういう空気がある中で「尾上右近はそんなことないんだ」と思われるのは、絶対に嫌だと。

稽古中のモヤモヤした気持ちを抱えながら寄っていたのが西新宿の『もうやんカレー』です。ビュッフェスタイルも楽しくて、癒やしの空間でした。スパイスがしっかりきいていて、心も体も癒やされた気がしています。

共演の鈴木壮麻さんと行ったのが『インド定食ターリー屋』。稽古帰りにバッタリ会って「カレーでも食べる？」って誘ってくれたんです。ミュージカル中心で活躍されていた壮麻さんが「みんな畑が違う人ばかりだし右近くんだけ孤立感を味わう必要はないよ」と言ってくれて。やさしさがカレーとともに心にしみました……。稽古を重ねて何がなんだかっていうところから、やっと「ちょっとわかってきたかも」となったときには千秋楽。悔しい気持ちはいまでも残ってます。

あのときのカレーは苦い味がしたな。卵が甘くてね。苦さと甘さがしみました。あの不思議な感覚は忘れられません。いま食べたらきっと違う味がするんだろうな。

映画『燃えよ剣』京都で食べたカレーは自由の味

初めての映画のお仕事は2021年公開の『燃えよ剣』でした。司馬遼太郎原作、新選組副長・土方歳三の生涯を描いた作品で、僕は会津藩藩主の松平容保を演じました。

京都での撮影中に京都在住の笛方森田流能楽師・杉信太朗さんの紹介で、新選組ゆかりの地である壬生寺に行ってみたんです。すぐ近くにある和菓子屋さんのご主人が「右近さん、カレーお好きなんですよね。近くに美味しいカレー屋さんがありますよ」と、連れていってくださったのが『ムジャラ』です。

僕の好きなスパイスカレーで、口に運んだ瞬間にスパイスがガツンと広がるんです。めちゃくちゃ美味しかったので撮休のときによく食べに行っていました。

この映画のとき僕は結構休みが多くて、今日撮ったら明日と明後日は休み、みたいな感じで比較的のんびり過ごせたんです。思いがけず京都で朝から自由な時間がもらえました。朝からお酒を飲んだっていいし何をしても自由っていうのが人生で初めてだったので「自由ってすごい！」と、自由を謳歌していました。

ちょっと語弊がある言い方になっちゃいますが、「歌舞伎を3カ月休んだら、こんな自由で楽しいの!?」って（笑）。

映画の現場に不慣れだった僕をやさしく受け入れてくださって、とても居心地がよかったです。撮影のときは演技に集中して、時間ができたら『ムジャラ』に行き、ガッツリ食べた分あとで走ってしぼって消化するっていう健康的な生活。ときどき杉信太朗さんに連絡をして「ムジャラでカレー食べませんか?」ってお誘いして一緒に食べに行ったりしました。

僕にとって『ムジャラ』＝自由の象徴みたいな場所でした。

比叡山にも何度か行きました。比叡山延暦寺は11時からお勤めがあって、12時過ぎくらいにお坊さんたちが昼食として精進料理のような山菜カレーを食べていたので、僕もそこに混ぜていただきました。お店ではなくお寺の食堂みたいなところで「右近くん、これからみんなでごはん食べるんだけど一緒にどう?」って声をかけてくださったんです。

もちろんお肉は入っていなくて、具はにんじん、じゃがいも、玉ねぎ、ブロッコリーなどの野菜でした。2月から4月くらいの寒い時期だったので、寒い山で食べるあったかいカレーがじんわりきてとても美味しかった。

あのころ食べたカレーは楽しかった思い出ばかりなんですよね。

初めての映画ということで、撮影に行く前に映像の先輩である香川照之さんと寺島しのぶさんに、どんな心構えで現場に臨んだらいいか聞いたんです。

香川さんからは「とにかく映画は空気だから。いい空気をまとって参加することが大事だよ」と教えていただきました。そして「感謝の気持ちを持っている人の目には魅力が宿るからそれをカメラマンは捉えようとする。だから感謝を忘れずに行けばいい」ということもアドバイスしていただきました。ほかにもいろいろと「これが長年かけて学んだ映画の手の内だ」って惜しみなく教えてくださって、本当にありがたかったです。

しのぶさんとも稽古場でお会いしたときにお話をして。「映画って存在するものだから映画の中で役として存在できているかどうか。お芝居するとかしないとかじゃなくて存在しているってことね」と言われたことは、撮影中もずっと頭の中にありました。

香川さんは「ケンケンが、僕が言ったことをちゃんと現場で実践したら、間違いなく日本アカデミー賞新人賞取れるよ」とまで言ってくださったんです。そうしたら本当に第45回日本アカデミー賞の新人俳優賞をいただけて。香川さんに報告をしたときはめちゃくちゃ喜んでくださいました。

映画に関わるスタッフの皆さまに支えていただき、その結果評価していただいて。受賞した際にもそのお世話になった皆さまが一緒に喜んでくださったことは、本当にうれしいかぎりでした。

『櫻井・有吉THE夜会』僕のカレー好きが広まったきっかけ

2019年に出演させていただいた『櫻井・有吉THE夜会』（以下『夜会』）ではいろんな裏事情の暴露ということで、僕のカレー愛が強すぎて「ケンケンカレー」を作ったことをお話ししました。

僕は常々、人との縁に恵まれながら人生を歩んできたと思っているのですが、歌舞伎や舞台、映画だけでなくバラエティー番組への出演も人との縁が繋いでくれた感じなんです。『夜会』に出たあとはたくさんのバラエティー番組に呼んでいただきました。「カレー好き」と話していたら「このお店に行ってみない？」「カレーの企画があるんだけど、どう？」という素晴らしいカレーのサイクルが回っていったのです。

僕は料理をしないので、スパイスの成分や調理法などプロ的な視点がなく、にわかじゃないかと思われる不安もありました。ただカレー好きであることには変わりないのでお声がかかるままに楽しんでいたら「カレーが大好きでただただ楽しく食べている人」みたいな、わりと好意的な反応をいただけたように思います。

カレーを食べるロケも本当に幸せなことです。お仕事で好きなものを食べに出かけられるなんて本当にありがたい機会じゃないですか。

そんな『夜会』のスタッフさんが、僕の好きな『ニューキャッスル』のお弁当をスタジオ収録の際の楽屋に入れてくれたんです。『ニューキャッスル』は5〜6年前にたまたま入ったカレー店なのですが、歌舞伎関係者もよく行くお店。スタッフさんが独自にリサーチして差し入れてくれたんですよ！

この心意気を感じて僕は自分の暴露の企画をスタッフさんが求める以上に頑張ってしまった記憶があります。頑張ったからこそスタッフさんにも評価いただき、いまもカレーのお仕事をいただいているのだと思っています。

『アウト×デラックス』チェッターヒンとの出会い

テレビ番組『アウト×デラックス』には2020年、アウトなくらいのカレー好きとして出演させていただきました。

マツコ・デラックスさんは初対面でしたが、会った瞬間から距離が近くてずっと「かわいいわ〜」と（笑）。いい雰囲気の収録でリラックスして話せたし、めちゃくちゃ楽しかったです。僕のおすすめカレーの話やカレーの「あいがけ」についても、マツコさんはじめ共演者のみなさんが盛り上がってくださって。

この番組は僕にとって記念の一つです。映画で共演した高嶋政宏さんがVTRメッセージでレトルトカレーの『チェッターヒン』をおすすめしてくれたのですが、ものすごく辛くて。とにかく僕の好みの味すぎて「すごいよ！高嶋さん！」と叫ぶくらい素で興奮してしまって。僕の大好きレトルトカレーNo.1の『チェッターヒン』にめぐりあえたのは、この番組と高嶋さんのおかげです。

マツコさんの言葉は説得力と影響力があって、その後はジャンルを問わずバラエティーや情報番組のお仕事が来た気がします。

歌舞伎界の深掘りというテーマで坂東巳之助さんと中村莟玉さんが『マツコ会議』にゲスト出演した際もマツコさんが僕のことを「アホなんだけど、アホすぎない、ちょうどいいアホだ」って言ってくださって。確かにそういうところあるかもって納得しちゃいました。僕のカレー愛なんてまさに。

そういうところがバラエティーに呼ばれる要素になったのかもしれません。テレビ収録の前に準備してくださるお弁当でもカレー率が高いんです。スタッフのかたも僕のカレー好きを知ってくださっていて「カレー用意してます」と声をかけてくれます。すごくうれしいし、ありがたいですね。

だから僕も「よし、番組盛り上げるぞ。頑張るぞ！」って。バラエティー番組はいつもすごく緊張しますが、楽しくやらせてもらっています。

『アイ・アム・冒険少年』親友と一緒に作った小魚カレー

『アイ・アム・冒険少年』（以下『冒険少年』）では、もともと大の仲良しだったＳｎｏｗ Ｍａｎの岩本（照）くんと初めてテレビで共演しました（２０２３年）。

この番組の人気企画のひとつ「脱出島」という、無人島を脱出してゴールするまでの時間を競うコーナーに出演させていただいたのですが、岩本くんは前に一度、脱出していたのでものすごく頼れる存在で心強かったです。もちろん僕も海に潜ったりイカダをくくったりと、自分にできることは精いっぱいやりました。

岩本くんのスター性を帯びた集中力ってものすごくて、特に火おこしをする彼の姿を目の当たりにしたときは、彼の集中がいろいろなものを吸い込んでいくようでした。番組の長い歴史の中で、彼はきりもみ式の火おこしの最短記録を出したんです。しかもテレビに映らないところでは集中できない環境もあった中で、心を折らさず一心不乱に、そしてドラマチックに最短記録を叩き出しました。

僕もそんな彼の姿に刺激されました。ゾーンに入ったみたいにひたすらトライし続け、まわりの「もう無理かも」っていう空気にもめげず「絶対につけてやるぞ」という気持ちになりました。僕は火がつくまで8分くらいかかったんですが、それも岩本くんが頑張る姿を目の当たりにしたから。スタッフさんからは「記録的にはベスト3に入らないけど8分も連続で火おこしを続けた人はいない」って言っていただきました。

二人でつけた火をもとに夕食の準備。岩本くんも僕も普段は料理をしないタイプですが、モリ突きで獲った小魚を使ってカレーを作ることに。「魚はぶつ切りにしてカレーにしたらいいんじゃない？」なんて話しながら小魚カレーを作りました。とても美味しかったんですが、小骨がヤバいくらい多かった。「身よりも骨のほうが多い！」って、二人で笑いながら食べたのがいい思い出です。

『ジャージー・ボーイズ』福岡公演。辛いカレーがチームに熱を

『ラヴ・レターズ』でお世話になった演出家の藤田俊太郎さんとはその後『ジャージー・ボーイズ』のコンサート版（2020年）と、ミュージカル『ジャージー・ボーイズ』（2022年）でもご一緒させてもらいました。

2022年上演のアフタートークショーに登壇したときのことです。シアタークリエのロビーで当時作りすぎて余ってしまった「ケンケンカレー」を販売させてもらっていたのですが、藤田さんが僕に何も言わずに背中に忍ばせていたケンケンカレーをパッと取り出して「パンフレットも買ってほしいですがこれもぜひ！」「僕も買いました」と。シアタークリエの上品な物販の中で異質なケンケン

カレーを茶目っ気たっぷりに宣伝してくれたんです。

演出家って厳しくて怖いイメージですよね？　藤田さんは本当にやさしいかたなんです。うれしかったな。

博多の『ツナパハ』には、2022年の『ジャージー・ボーイズ』福岡公演のときも食べに行きました。もはや『ツナパハ』に行かないと博多に来た実感がわかないくらいです。「美味しいカレーのお店があるんだよ」って『ジャージー・ボーイズ』の共演者を連れていったときに、辛さ調節で「辛めで大丈夫だから」ってオーダーしたら絶句するぐらい辛かった（笑）。久しぶりだったからガツンとくる辛さを忘れていたんですよね。もう汗だくで完食しました。

食べているときはのども体もアツくなって、全身が信じられないくらい温まる。これがクセになるんです。スープもですがスリランカカレーのチキン自体がもうめっちゃ辛い。チキンをかみしめるたびに辛いものがビャーッて出るから、あれに秘密があるんだと思います。共演者のみんなももしかしたらすごく辛かったかもしれないけど、美味しく楽しくカレーにつきあってくれました。カレーがチームに新たな熱を加えてくれて。より結束が強まったと思っています。

Ukon's Memories
Curry Shop
思い出のカレー店

※価格は2024年3月時点のものです

印度料理専門店　ナイルレストラン

東京都中央区銀座4-10-7
☎03-3541-8246
https://www.ginza-nair.com/

奥:ムルギーランチ　1,600円(税込み)
手前:チキンマサラ　1,550円(税込み)
1949年創業・日本最古の印度料理専門店。インドの5つ星ホテルで修業したナイル善己さんが三代目として営む。

カレーハウスCoCo壱番屋

https://www.ichibanya.co.jp/

豚しゃぶカレー+チーズ+半熟タマゴ
ライス:300g　辛さ:2辛
薄切りの豚肉とほどよく煮込まれた玉ねぎが絶品のカレー。トッピングもバリエーション豊富で、自分好みの究極のカレーにカスタマイズできる。

インデアンカレー　南店

大阪府大阪市中央区難波1-5-20
☎06-6211-7630
https://www.indiancurry.jp/

インデアンカレー（ライス大盛り、ルー大盛り、たまご2つ）　1,180円（税込み）

たくさんのスパイスに野菜とフルーツ、選び抜いた肉を使った王道のカレーライス。一口目は甘みから入り、あとから辛さがくる。1947年創業以来の味を守り続けている。

スパイスカリーて

大阪府大阪市中央区南船場3-1-16
日宝ラッキービル2F
Instagram:@evivismith

ウメチキカレー（梅干しとチキン）　2種1,200円、3種1,300円、4種1,500円（すべて税込み）

日替わりのカレー4種類から選ぶスタイル。独自の研究で配合されたスパイスで、ここでしか味わえないオリジナルの味を楽しめる。知る人ぞ知る絶品のスパイスカレー店。

不思議香菜ツナパハ

福岡県福岡市中央区大名2-1-59大産西通ビル5F
☎092-712-9700
https://tunapaha.jp/

スリランカカリー　1,100円（税込み）

創業20年超えのスリランカカレーの老舗。スパイスとココナッツミルクをたっぷり使っており、スパイスのストレートな辛さと香り、食材のうまみを最大限に生かしたのが特長。

カレーショップ初恋

東京都渋谷区道玄坂1-17-11 ミナミビル B1F
☎03-6416-9503
Instagram:@hatsukoicurry

3種あいがけ（初恋チキン・スパイスラムキーマ・パクチーシュリンプ）　1,500円（税込み）

スパイスカレー&クラフトビリヤニ専門店。スリランカ、南インド料理を継承しつつ、和の食材、調理技法を取り入れたオリジナルのスパイスカレーが人気。

Kari Kari Spice -KKS-

東京都渋谷区神泉町7-8 リラプレイス渋谷1F
Instagram:@karikari.spice

ランチカレー 1,200円〜、
ディナーカレー 1,500円〜（すべて税込み）

昼も夜もスパイスカレーとクラフトビールを楽しめる。彩り豊かな副菜が盛り付けられたカレーはしっかり煮込まれて肉がやわらか。ふらりと立ち寄りたくなるホッとするお店。

もうやんカレー西新宿リビング本店

東京都新宿区西新宿6-25-14 第2仲川ビル1F
☎03-5323-5539
https://www.moyan.jp/

ランチビュッフェ　一回盛り:1,056円、
おかわり一回:1,224円、
無制限:1,665円（すべて税込み）

仕込みから完成まで2週間かかる、手間暇かけこだわり抜いたルゥが魅力のカレー店。通常の3倍もの厳選野菜を使った、添加グルテンフリーの漢方薬膳カレー。

インド定食　ターリー屋西新宿本店

東京都新宿区西新宿8-5-4 STビル1F
☎03-3362-8882
http://www.thali-ya.com/shop/honten

ターリー屋定食（カレー2種、フルーツヨーグルト、ライス、ナン、目玉焼き）　1,000円（税込み）

本格インド料理を手軽に食べられる。カレーからナン、タンドーリまで、まるで本場の味わい。人気のターリー屋定食はカレー2種、フルーツヨーグルト、ライス、ナン、目玉焼きつき。

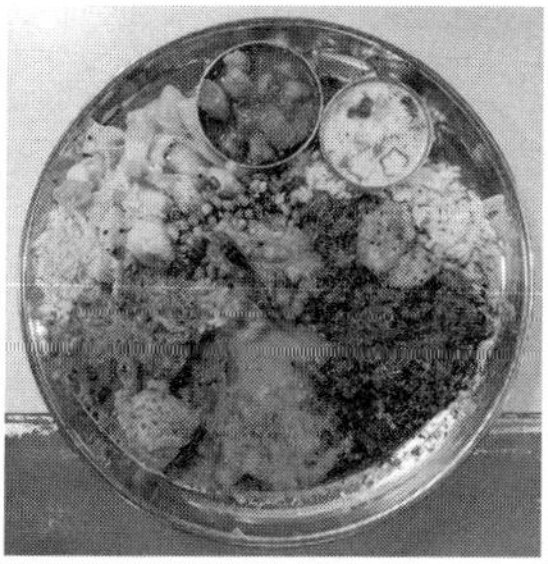

ムジャラ

京都府京都市下京区坊門町832イツワマンション105
☎080-9161-1191
Instagram:@spicecurry_mujara

本日のカレー　1種1,000円、2種1,150円、3種1,250円（すべて税込み）

材料と店主のその日の気分によりメニューを決めるというこだわりのスパイスカレーを提供。色鮮やかな惣菜と数種類のカレーのあいがけスタイルが人気。

コーヒーとカライライスの店
ニューキャッスル

東京都中央区銀座2-11-1 B1F
☎03-6264-0885
https://japanese-curry-restaurant-420.business.site/

辛来飯（カライライス）つんのめった蒲田
1,200円（税込み）

1946年創業、惜しまれつつも閉店に。常連客だった三代目のけんいちが秘伝のレシピを引き継ぎ、2013年に新オープン。

『THE神業チャレンジ』過酷で楽しい〝利きカレー〟

2023年に出演させていただいた『THE神業チャレンジ』（以下『神業』）は、47都道府県のご当地レトルトカレーを目隠しして食べて当てるという「神舌チャレンジ」でした。つまり〝利きカレー〟です。

タイトルに〝神業〟って入れるくらいですから、設定されたハードルがかなり高いんです。でもチャレンジ自体はまったく苦ではありませんでした。なぜなら愛してやまないカレーでのチャレンジだから！　大好きなカレーのお仕事なので自然に夢中になれます。

ただ、時間が足りなかった……。ちょうど映画の撮影をしている時期で、毎日山の中で朝から晩まで撮影している日々の中での1週間。『神業』の事前準備にしてはちょっとハードスケジュールでした。家にいる時間も限られていたので、朝のちょっとした時間や、移動の車中、帰ってきてから寝るまでの間に何種類ものレトルトカレーを食べ比べていました。

過酷といえば過酷でしたが、僕が食べたことのない新たなレトルトカレーとの出会いがたくさんあって幸せでした。ビーフやポーク、チキンといった肉の種類もあるし、欧風やインドカレーなど、ベースのバリエーションだけでもめちゃくちゃ多い。同じビーフカレーでもすべてに違いがちゃんとあって奥深さを感じました。

カレー好きだから味にうるさいって思われるかもしれませんが、僕は全然そんなことありません。細かく分析するわけでもなく、単純に好きなカレーを見つけて美味しく食べたいだけなんです。ふだんから味についてジャッジすることもしないから、いろんなカレーの違いを感じるという経験はとても新鮮でした。

準備や予習としての食べ比べは楽しかったですが、収録当日はさすがに緊張しました。最初のほうで間違えてしまったら「カレー好きのくせに全然ダメじゃん！」ってなるじゃないですか。カレー好きと言っているのが嘘っぽく感じられてしまう。番組的にも盛り上がらないだろうし……って思うと、やっぱりプレッシャーは大きかったです。

知っているカレーもあれば新たな出会いもありましたね。『北本トマトカレー』も美味しかったです。僕は酸味のあるカレーが好きなので、トマトの酸味も美味しく味わいました。トマトカレーって名前で個性派かと思いきや意外と正統派のカレーなんですよ。ご当地カレーグランプリで優勝したことがあったりする評判上々のレトルトカレーです。

見た目が青くて強烈な『クリシュナ　オホーツク流氷カリー』は目隠しして食べたらしっかりスパイシーなカレーでした。流氷部分の白い鶏肉は、乳製品のトロンとした感じが強くて。スパイスのきいたピリッとした感じとまろやかな鶏肉とで、バランスのとれたカレーという印象です。パッと見は想像がつきませんが、北海道のインド料理店が考案しただけあって本格的なインドカレーなんですよ。

高知の『四万十ポークと高知県産山椒のカレー』も美味しかった。ポークと山椒のバランスがすごくよくて。山椒のスッキリしたあと味がいいから脂っこいように見えてサクサク食べられるんです。野菜もよく煮込まれていて歯ごたえもよく美味しいカレーでした。

『伊豆大島ゴジラカレー』は唐辛子が入っていて、ちょっと韓国料理寄りな印象。ゴジラってところに引っぱられがちですけど、お肉もちゃんと味がしみていて美味しかったです。キャラクター売りだけじゃないしっかりとした実力を感じるカレーでした。

『近江牛ビーフカレー』も美味しくて感動しました。うまみと甘みがすごく強い。しっかりとスパイスがきいていながら、甘みがあって、肉がホロッとやわらかい。万人に受ける味です。あの黄色のパッケージも印象的なんですよね。

僕ね、レトルトって、パッケージのインパクトも大事だと思うんです。『北本トマトカレー』なんかも、ストレートにトマトが目に入るでしょう。『近江牛ビーフカレー』もね、味と色がマッチしていて覚えやすかった。なのに間違えちゃったから、めちゃくちゃ悔しかったんです（笑）。

47都道府県、全部食べたうえでイチオシなのは『黒樺牛《くろはなぎゅう》ビーフカレー』です。感動してしまいました。もうびっくりするぐらい正統派なカレーで肉のホロホロ具合も最高です。機会があったらぜひ食べていただきたいです。ホテルのレストランで出てくるような高級カレーがそのままレトルトカレーになっています。一度食べてみる価値ありです。

ビーフは競合が多いせいか、どれも本当にレベルが高くて。数が多いからこのビーフカレーゾーンのときには間違えちゃったんだけど（笑）。

『神業』の再チャレンジに関してはもう少し準備の時間がもらえたら、またやってみたいっていうのはあります。新しいカレーとの出会いは何よりも楽しいし、次こそはチャレンジを成功させたいですからね！

『THE神業チャレンジ』で食べた

思い出のご当地レトルトカレー

★

北本トマトカレー

1箱200g

北本市観光協会

http://tomato-curry.com/

「全国ご当地カレーグランプリ2014」優勝時のオリジナルレシピの味を忠実に再現した、キーマタイプのレトルトカレー。

★

クリシュナ オホーツク流氷カリー

1箱220g

ベル食品

https://shop.bellfoods.co.jp/products/100081246

冬のオホーツク海を表現した青いカレーに、流氷に見立てたホワイトチキンカレーを盛りつける新感覚のカレー。北海道のインド料理店クリシュナのマクスード・アラム料理長が考案。

★

四万十ポークと高知県産山椒のカレー

1箱200g
高知県特産品販売
http://kochi-tokusan.com/

高知県四万十町産の四万十ポークと香り豊かな高知県産山椒を使用した、シビれるうま辛ポークカレー。

THE Kamiwaza Challenge

Memories of Local Retort Curry

★

伊豆大島ゴジラカレー

1箱200g

大島物産
https://oshima-bussan.com/shop/

伊豆大島の三原山からゴジラ復活!「大島の島とんがらし」「大島の塩」を使用。口いっぱいに牛肉のうまみを感じたあと、島とうがらしの香り豊かでうまみのある辛さがじわじわ広がるクセになるカレー。

★

黒樺牛《くろはなぎゅう》ビーフカレー（化粧箱入り・中辛） 1箱200g

杉本本店
https://kurohanawagyu.com/

自社ブランド黒毛和牛、黒樺牛をぜいたくに使い、牛テールをじっくり煮込みうまみたっぷりの出汁で作った絶品カレー。

★

近江牛ビーフカレー

1箱200g

スエヒロ本店
https://www.ohmisuehiro.shop/

近江牛をじっくり煮込み、深みのあるうまみを余すことなく活かしたスパイスたっぷりの本格カレー。

★マークの商品は北野エースWEB SHOP（https://kitano-ace.jp/）で購入可能です。
北野エース店頭での取り扱い状況は店舗により異なります。詳しくはお近くの店舗までお問い合わせください。

Ukon's 華麗なるカレー年表 *1992－2024*

年	月	作品など	劇場など	カレー関連
1992	5月	岡村研佑誕生		
1996頃				母のカレーを食べ始める
2000	4月	歌舞伎 舞鶴雪月花にて初舞台	歌舞伎座	
2002頃				ナイルレストランとの出会い
2005	1月	歌舞伎 人情噺文七元結、喜撰にて二代目尾上右近襲名	新橋演舞場	「ウコン」との縁
2016	3〜4月	歌舞伎 スーパー歌舞伎Ⅱワンピース	大阪松竹座 博多座	インデアンカレー南店 不思議香菜ツナパハ
2017	10月	テレビ ウチくる!?	フジテレビ	初めてテレビでカレー好きを語る ナイルレストラン
2017	10月	歌舞伎 スーパー歌舞伎Ⅱワンピース 特別マチネ〜麦わらの挑戦〜	新橋演舞場	ナイルレストラン

2018	1月	歌舞伎	通し狂言 世界花小栗判官	国立劇場大劇場	麹町 長寿庵
	4～5月	歌舞伎	スーパー歌舞伎Ⅱワンピース	大阪松竹座 御園座	スパイスカリーて カレーハウスCoCo壱番屋
	7月	舞台	ウォーター・バイ・ザ・スプーンフル ～スプーン一杯の水、それは 一歩を踏み出すための人生のレシピ～	紀伊國屋サザンシアター TAKASHIMAYA ほか	もうやんカレー新宿西口リビング本店 ターリー屋西新宿本店
	8月	自主公演	第四回　研の會	国立劇場小劇場	ケンケンカレー第1弾発売
2019	2～4月	映画	燃えよ剣（撮影時期：公開は2021）	東宝、 アスミック・エース	ムジャラ 比叡山のカレー
	6月	テレビ	櫻井・有吉THE夜会	TBSテレビ	ニューキャッスル
	8月	自主公演	第五回　研の會	国立劇場小劇場・ 京都芸術劇場春秋座	ケンケンカレー第2弾発売
	10月	朗読劇	ラヴ・レターズ	新国立劇場 小劇場	カレーショップ初恋 Kari Kari スパイス-KKS-
	12月	歌舞伎	風の谷のナウシカ	新橋演舞場	カレーは飲み物。秋葉原店

年	月	作品など	劇場など	カレー関連
2020	2月	テレビ アウト×デラックス	フジテレビ	チェッターヒン
	12月	歌舞伎 末広がり　廓文章　吉田屋	南座	ホテルオークラ京都
2021	3月	テレビ なのにカレー	BS-TBS	うなぎ屋さんのカレー 胡椒屋さんのカレー
	11月〜2022年5月	テレビ 100%アピールちゃん	MBS	無印良品レトルトカレーなど
2022	8月	自主公演 第六回　研の會	国立劇場　小劇場	ケンカレー第3弾発売 ケンケンカレースプーン発売
	11月	ミュージカル ジャージー・ボーイズ	博多座	不思議香菜ツナパハ
2023	2月	テレビ アイ・アム・冒険少年	TBSテレビ	小魚カレー
	8月	自主公演 第七回　研の會	浅草公会堂	ケンケンカレー第4弾発売

年	月	種別	タイトル	媒体	内容
	10月	テレビ	THE神業チャレンジ	TBSテレビ	黒樺牛ビーフカレー　近江牛ビーフカレー　四万十ポークと山椒のカレー　北本トマトカレー　伊豆大島ゴジラカレー　オホーツク流氷カレー　など47都道府県のご当地カレー
2024	4月	書籍	尾上右近　華麗なる花道	主婦の友社	華麗なるスプーンセット、華麗なるレトルトセットも同時発売

第4章

CHAPTER 4

役者・清元・ケンケンとカレー

Ukon Onoe

Love ♥ Curry and Rice

尾上右近として歌舞伎役者と清元という2つの顔があり、
一方、岡村研佑としてプライベートの顔もあります。
僕のライフスタイルとカレーの関係をひもといてみました。

ヒーローに憧れる感覚で歌舞伎役者をめざす

家で食べるカレーは普通のカレーでしたが、僕を取り巻く家庭環境に関しては「自分の家はどうやらほかとはちょっと違うのかもしれない」というふうに感じたのは4歳のときでした。

まず歌舞伎と清元のお稽古があること。やるように言われて始めたのではなく自分から望んで始めたことなんです。

僕は3歳のときに自分の曽祖父である六代目尾上菊五郎が踊る『春興鏡獅子』の映像を見て「鏡獅子になりたい！」と強烈に憧れました。獅子の白い毛がカッコいいと思って。特撮ヒーローを見て「あれやりたい、あれになりたい！」っていうのと同じような感じだと思います。

「この鏡獅子になるためには歌舞伎役者にならないといけない。歌舞伎役者になるには踊りのお稽古をしないとね」と祖母に言われました。ちなみに祖母は六代目尾上菊五郎の娘にあたる人です。

それで「じゃあ歌舞伎のお稽古に行く」と稽古をするようになりました。と同時に、父が清元の浄瑠璃方なので清元のお稽古も同時に始めたほうがいいと言われ「じゃあ、それもやってみる」となったんです。歌舞伎と清元の二刀流は3歳から始まりました。

隈取《くまどり》を取る（歌舞伎のお化粧をする）のも好きでした。

7歳のときに『舞鶴雪月花』という作品で初舞台を踏んでから「もしかするとこれから必要になるものだから」と自分用の隈取の道具を買ってもらいました。白粉《おしろい》を塗る刷毛《はけ》やスポンジ、筆、紅皿などがあります。

自分で隈取を取って布につける（自分の顔のお化粧を布に写す）「押隈《おしぐま》」というのが好きでよくやっていました。釣り好きが魚拓を取るみたいなものです。8

〜9歳ぐらいのときだったかな。隈取を取っては押隈するというのにハマってい
ました。
同年代でそんなことをやっている子はいなかったから、どうやら自分のやって
いることはほかとはちょっと違うみたいだと気づき始めました。もともと歌舞伎
は自分から望んで始めたことだったので、小学生のときからずっと稽古を続けな
がらいまに至るというわけです。

尾上右近❖家系図

【屋号・音羽屋】

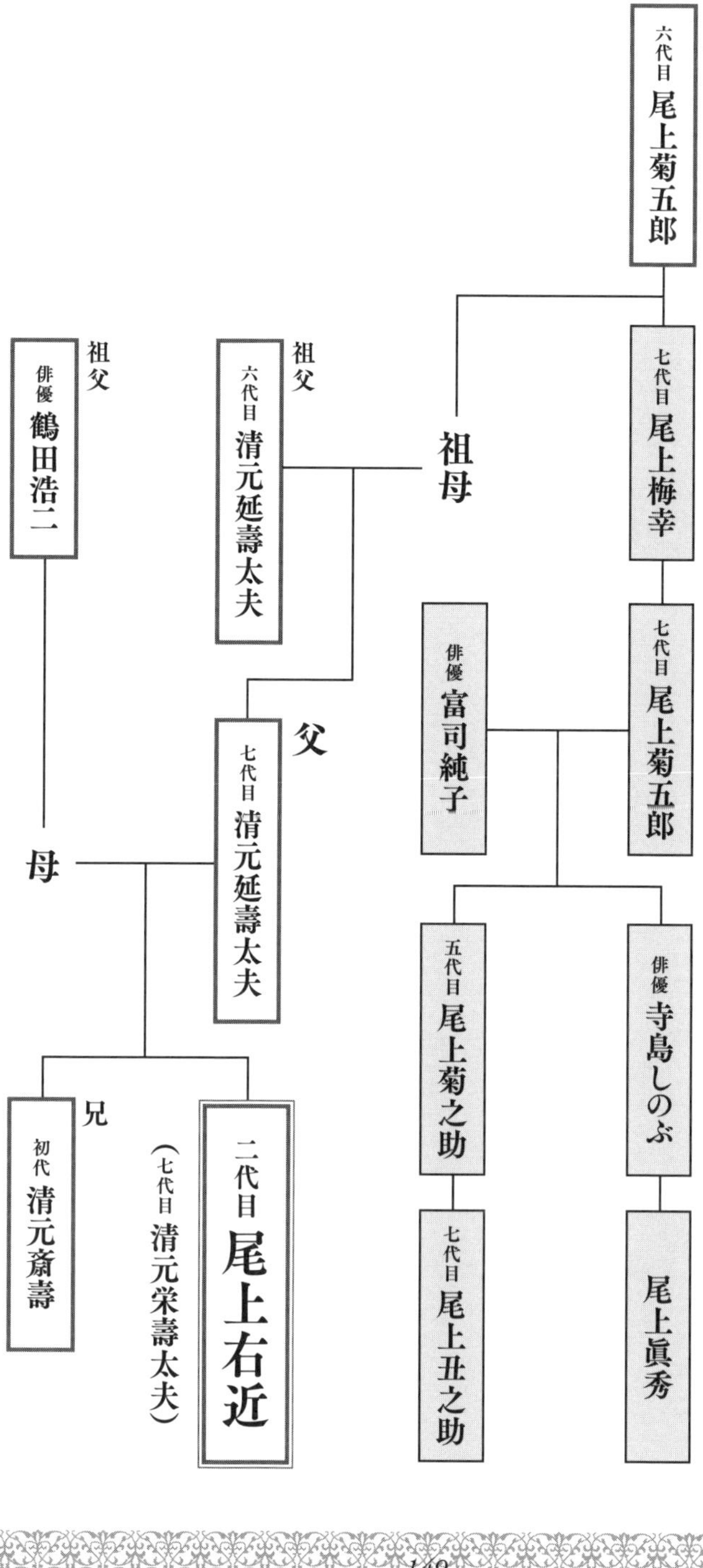
曽祖父
六代目 尾上菊五郎
七代目 尾上梅幸
祖母
祖父
六代目 清元延壽太夫
祖父
俳優 鶴田浩二
七代目 尾上菊五郎
俳優 富司純子
父
七代目 清元延壽太夫
母
俳優 寺島しのぶ
五代目 尾上菊之助
尾上眞秀
七代目 尾上丑之助
二代目 尾上右近
（七代目 清元栄壽太夫）
兄
初代 清元斎壽

僕は歌舞伎から必要とされてない？悩みながら過ごした思春期

歌舞伎や清元のお稽古をしつつ、中学生のときは学生らしく部活にも入っていました。兄の影響でマンガ『稲中』（『行け！稲中卓球部』）にハマって卓球部に入部したんです。友達といる時間が楽しい時期ですが「遊びに行こう」と誘われても「お稽古があるからごめん」「そっか～」みたいな感じで行けないこともたびたびありました。さみしい思いもしましたが、それでも稽古を休んだりする気持ちにはなりませんでした。

その理由は歌舞伎が好きという強い気持ちももちろんありますが、コンプレックスというか、つねに焦りもあったからだと思います。

同世代の歌舞伎役者の中には学業優先であまりお稽古には出られていない人もいました。けれどもし彼らがお稽古に戻ってきたら、きっと自分より場数を踏んで、すぐに追い越されてしまうんじゃないか。彼らが本気を出すようになったら……と脅威に感じていて「休んでいる暇はない！」と思っていたんです。

同じ学校の同級生には中村米吉くんもいました。学校は一緒だったけどクラスは別だったので当時あまり交流はなかったのですが、きっと大きな舞台に出ていく人になるんだろうなと思っていました。

稽古場では中村種之助くんや中村壱太郎さん、中村萬太郎さんといった、いまでも同志であり、ライバルであるメンバーとよく顔を合わせていました。

僕が中学生のとき同世代のみんなも思春期で、ほかの人は歌舞伎のお稽古にあまり熱心になれないんだと自分基準で周りを見ていました。みんなそれぞれ悩みのあるときだと思います。それこそ思春期で本気でやっていてもそう見せない人もいたと思います。でも当時の僕こそコンプレックスを抱えたまさに思春期真っ盛りだったので、同世代のひとりをつかまえて「歌舞伎に興味あるの？」って聞いて、「あんまり」って答えがきて「じゃ、なんで稽古場に来てるの!?」なんて聞いちゃったこともありました。子どもゆえの尖《とが》った問答。

たとえるなら、僕は大好きで何度もデートに誘っているのに全然振り向いてくれない相手。でもその相手にあまり興味なさそうな人が声をかけたら一発でデートOKをもらっていた。僕からしたら「なんで!?」みたいな感じでしょうか。自分がモテなくて他人に当たっている感じです。

自分は一方的にただただ歌舞伎が好きなだけで、歌舞伎側からはそれほど必要とはされていないのかもしれないと本気で悩んでいました。悔しくてカレーも爆食していました。かなり太った時期もあります。悩んでなくても食べていたかもですが（笑）。

実は歌舞伎を「やめたほうがいいのかな」と思ったこともあります。「やめたい」ではなくて。でも好きだからしょうがない。好きだから続けるしかない。子役でやっていたときは楽しくて自信に満ちあふれていたけれど、成長期になるといろいろと変わってきます。変声期もありますし体が大きくなって、踊りもいままでのようにできなくなり、自信を失っていました。

お客さんからも「あの子、子役のころの輝きがなくなってきたね」「前はあんなにハツラツとしていたのになんか最近元気ないね。どうしちゃったのかしら？」と思われているんじゃないかとかも考えてしまって。

高校も歌舞伎のために芸能コースのある学校に行ったのに役もつかなくなってその他大勢の一人みたいになっていました。若手はそういう道を一度は経験することが多いのですが、次のステップが見えている場合と見えていない場合があって僕はたぶん後者だったんです。

だから10代後半ではちょっとやさぐれていた時期もありました。遅れてきた反抗期。恋愛などのプライベートも充実させたいと思ったんですよ。僕のことを好きになってくださるかたがいて一緒にお出かけしたり、カレー以外のおしゃれな食べ物もいっぱい食べたり（笑）。「デートってなんて楽しいんだ！」と浮かれていました。

青春っぽいこともそれなりに謳歌しつつも、ある日「そういえば全然歌舞伎を観ていないな」とハッと気づいたんです。そのとき中村勘九郎さんや中村七之助さんが出ている公演を観に行って「自分の本分を忘れちゃダメだ」と目が覚めたんです。そこでまた歌舞伎の比重がグッと高まりました。悩んだり焦ったり迷ったりしていましたけど、結局は「やっぱりこれしかない」と歌舞伎一直線な自分に戻る、そんな思春期だったと思います。

400年の歴史で前例のない歌舞伎役者と清元の二刀流

「鏡獅子になりたい」という憧れがきっかけで踊りのお稽古を始めると同時に、家業である清元（江戸浄瑠璃清元節）のお稽古も始めていました。

踊りは日本舞踊の尾上流で尾上墨雪（当時は二代目尾上菊之丞）先生に習うことになりました。清元の稽古場と尾上流のお稽古場が近くて、二つのお稽古場を行ったり来たりできるような環境にあったんです。清元は父親から直接指導を受けました。

歌舞伎役者と清元の二刀流は、歌舞伎400年の歴史で前例のないこと。「歌舞伎役者をやらせてもらうと清元をできなくなる。二つに一つの世界」という認識が僕にはなく、結果的に二刀流になっていったわけです。

父が清元節宗家の家元（清元延壽太夫）で8歳上の兄（清元斎壽）は三味線弾きの道を歩んでいました。兄は幼いころからずっと三味線を弾いていたんです。そのおかげで僕は好きなこと、つまり歌舞伎に邁進できたんですよね。もし兄が清元やっていなかったら「ケンケンはなんでずっと踊りのお稽古をしているの？　もっと清元のお稽古をしたほうがいいんじゃない⁉」と周囲から言われていたかもしれません。僕が好きなことをのびのびとさせてもらえたのは両親や兄のおかげでもあります。

二刀流でお稽古をやっていたけれど先に初舞台を踏んだのは歌舞伎でした。周囲の大人はこの初舞台を思い出作りのために出したという感じで、いずれは清元一本にと思っていたのかもしれません。ただ僕は初舞台がとにかく楽しくてしかたがなく、ますます歌舞伎に対する熱が高まっていったんです。

悩んだり焦ったり恋愛でちょっと浮かれたりという高校生活を送ったあとは、進学せず歌舞伎の世界に入りました。

学生から社会人になったときは「毎日舞台に出たい！」という気持ちでした。時間がたっぷりあるから役をもらえたらお稽古もしっかりできるぞ！と意気込んでいたのですが……そう簡単に役をもらえるわけではありません。

役をもらえない。でもお稽古はある。「これはいったい、何のためにやっているんだ!?」と自問自答するときもありました。でも歌舞伎は好きで嫌いになんてなれない。相手に振り向いてもらえなくてもずっと好きっていう気持ちは変わらないわけです。

なかなか役がもらえなかった18、19歳くらいのときがいちばん腐っていたと思います。たぶん腐り倒していました（苦笑）。当時は「純粋に歌舞伎が好き」という感情と「いまに見とけよ！」と執着する気持ちの間で必死にもがいていました。このときの意地になってがむしゃらになったことで得られたものがあったと思います。だからこの腐っていた時期もけっしてマイナスではなかったんです。

どれだけ腐っていても「歌舞伎役者をやめたい」と思ったことは一度もありませんでした。ここで役者をやめて清元の跡を継ぎますっていうのも、清元の跡継ぎという責任を放棄して役者業一本にするというのも、歌舞伎役者や清元という伝統芸能に対して失礼だと思いました。周囲の大人たちはそれでもいいと思っていたかもしれませんが僕は清元一本にすることは考えなかったんです。極端な話ですが「役がもらえないならいっそ無職でいく！」みたいなことも勢いで言っていたこともありました。無職ってなんだ⁉バックパッカーだ！って。当時の意味のわからない思考です。結局バックパッカーには挑戦できていないですけど、いつか世界のカレーをバックパックひとつで食べ歩きたいという野望はまだ残っています（笑）。

僕はこれからも歌舞伎役者と清元の二刀流、どちらも本気でやっていきます。これからの時代「二兎を追う者は一兎も得ず」ではなく「二兎を追う者だけが二兎を得る」という生き方もありだと思っています。だって食べたいカレーが目の前に2種類あれば2種類とも食べたいじゃないですか。僕はわがままで食いしん坊なんです。

師匠から感じとった「言わぬが花」の美学

僕の師匠は菊五郎のおじさま（七代目尾上菊五郎）です。純粋に歌舞伎が好きで舞台に立つことを楽しんでいた子役時代から20歳前のくすぶっていた時期まで、ずっと僕のことを見ていてくれました。

うまくいかずに悶々としていた頃も「おまえが自分でなんとかしなきゃいけない」「おまえが役者をやっている以上は勉強ができないという状況にはしないけれど、ただ単に勉強ができる状況を用意することがおまえのためになるとも思っていない」といった感じの教育を受けていました。

当時の自分は未熟だったので、正直僕のことをどう考えてくださっているのかわからないなと思った時期もありました。いま思えば当然ですよね。浅はかな子どもの了見でわかるような生き方をしてきたかたではないですから。

むしろその頃の自分こそねじ曲がった見方をしていたなと思います。タイムマシンがあって当時の自分に会えるのなら張り倒したいですよ。ひねくれてくだらない考えに固執していて。

いまは師匠と関わっている時間が何にも代えがたいくらい大事ですし、愛情をひしひしと感じています。

実はもう一人、心の師匠がいます。ビートたけしさんです。たけしさんの本を読んだり、たけしさんが育った浅草の街に魅せられたりして、傾倒していた時期もありました。たけしさんの本は、当たり前ですがご本人が考えていらっしゃることが書かれているので、それを読むことは憧れている人の思考をなぞることになります。大人の人はこういう考え方をするのかって。

そうやって追いかけているうち、尊敬している師匠とたけしさんというお二人の思考がパズルのピースがハマるように僕の中でピタッと重なったんです。

「もしかして師匠はこう考えていたのか！」と。

昔は僕自身も何をお話ししたらいいかわからなかったですし、師匠もあまり言葉にされるということが少なかったんです。ただ「志を持っていれば、必ずいい未来があるよ」って、要所要所ですごく心に残ることを言ってくださりました。「言わぬが花」というあえて口にして伝えない美学。そのことが腑に落ちたときに師匠が考えていることがわかった気がしました。たしか25歳頃だったと思います。ちょうど同じ頃、師匠の僕に対する雰囲気も変わってきた気がしたんです。

おまえもやっとわかったか、みたいな。

急に「ディズニーワールドって行ったことある？」とかたわいない会話を振ってくれるようになったんです。

普段はとにかく何かを無駄におっしゃったりはしないかたなんですよね。「ふーん」とか「いいんじゃない」と言った感じで、細かいことはおっしゃらず、大きな心で見守ってくださるかたなんです。「おまえがやりたいなら俺はかまわないよ」って。

2023年3月の南座「三月花形歌舞伎」公演の『仮名手本忠臣蔵』のお稽古をつけてくれたのは菊五郎師匠でした。終わったあとに「無事に終わりました」と報告に行ったんです。「はいはい、わざわざどうも」っていつもの感じでね。「毎日、死ぬ役はしんどかったです」ってお話ししたら、「そう? でもおまえあれだよ、何事も経験だ」って。声のトーンがね、ちょっと違うんですよ。少しだけ間があって「何事も経験だ」と言われたのですぐに「はい!」って。シンプルにグッと来たので、もうそれしか返せなかったですね。

2021年の『松竹梅湯島掛額』では師匠が紅屋長兵衛、僕がお七という娘役で共演させていただきました。長兵衛がお七のために一肌脱ぐというお話なのですが、その中で僕に「機嫌直してよ、ナイルのムルギーランチを買ってきてあげるから」ってアドリブ部分でおっしゃったことがあって。ちゃんと用意してくださったネタなんです。そういう茶目っ気があるところも尊敬していますし大好きです。

恋とカレーと人間関係

僕が歌舞伎に一直線であることはたぶん生涯変わらないので、そこは恋愛面ではマイナスになってしまうこともあるかもしれません。もしも「歌舞伎と私どっちが大事なの」と聞かれたとしたら、正直「歌舞伎です」と答えてしまうと思うんです。それはもう大前提なんですよね。

ただ「歌舞伎があるから」というのを言い訳にするのもよくないと思っています。お相手の気持ちもちゃんと受け止めたいと。人間は感情によって動くわけだから、その機微がわからないと本当の意味で役をまっとうすることはできません。相手に寄り添うことも大事だというのは、年齢を重ねて大人になってから気づけたことでもあります。

昔、突然フラれ、失恋したことがありました。おそらくですが僕がよくも悪くも歌舞伎に夢中になって周りが見えなくなり、自分のことで手いっぱいなことが積み重なって、お相手のかたが離れていってしまったんですよね。少し大人になって感じたのは、恋愛は独り相撲ではいかんのだなということです。恋愛に限らず、お互いに尊重し合って協力し合えるような関係性が大切ということ。典型的な末っ子だけに、昔から僕は懐の大きい人にはどんどん甘えてしまいます。ときには「勝手にやってください」くらい言ってもらえる関係性がいいのでしょうね。

関係性でいえば、舞台上での人間関係って特殊だと思うんです。お客さまやスタッフ、共演者には具体的に何かの物や形でお礼をするのではなく、いい芝居や芸を見せることが第一。それで関係が成立しています。うまくいけば褒めていただける。普通の人間関係ではいい芝居を見せるだけではすべてを納得してもらえません。当たり前ですが。自分は特殊な世界にいるんだという自覚を持って一般的な感覚を忘れないように。恋愛はそれを学ぶ面が大いにあると思っています。

カレー好きであることが恋愛にマイナスになったことは……たぶんないと思います。ないと思いたいです！　幸いなことに自分が好きになる相手にカレーが苦手というかたはいませんでした。でも大好きになった相手にカレーが苦手って言われたら……どうしましょう（苦笑）。僕は相手の好きな食べ物を好きになりたいです。あ、パクチー以外なら！　いやパクチーこそか。カレー好きを公言し、カレーの本を出してしまうのだから、なんとかパクチーを克服したいです。あとよく取材で聞かれるんですが、人生のパートナーはカレー好きが条件だなんてことはありません。カレーは自分の時間に食べればいい話なので。

結婚して子どもができたら師匠にお見せしたいです。師匠の反応が見たいんです。たぶん、「へ〜」「生まれたのか、おめでとう」「わざわざありがとう」っていう感じかな。「もうカレー食わせてんのか？」とか？　想像するだけでなんだか幸せな気持ちになりますね。

黒ファッションの理由

基本的に普段着は黒で、何か新しく買うのも黒い服ばかりです。黒い服はカレーがハネたとしてもシミがわかりづらいところがいい（笑）。カレーを食べるから黒い服を着るのか、カレーに関係なく黒い服が好きなのかというと、微妙に黒が好きというのが先でしょうか。

『スーパー歌舞伎Ⅱ ワンピース』をやっていたときに自分を鼓舞したいという思いが高まっていたんですよね。好きな服を身につけるとテンションが上がる感覚があって、一時期ファッションに凝っていたこともありました。

自覚していますが、普段から和服に慣れすぎていたせいか僕は洋服の配色センスというものに対して鈍感なんです。和の配色と同じような感じで洋服の色を組み合わせるとちょっとそれ大丈夫!? ってなりがちで。

だから「もう黒しか着ないぞ」と決めていました。一時期は少しでも白が入ることは許さん、完璧に黒じゃないと！ というところまで黒ファッションを突き詰めていました。

黒い服も素材やデザインでいろいろバリエーションがあるから意外と楽しめるんです。「ケンケン、今日も不思議な格好してるね」ってよく言われていたくらい、ぶっとんだデザインの服を好んで着ていました。見た目が個性的すぎたせいか「話してみると意外と普通だね」って言われたことも。怖い人かと思ったら意外とやさしいんだ!? みたいになるのも得だと思って、当時は人と絶対にかぶらないようなデザインの服ばかり着ていました。

そんな時期を経ていまはシンプルな黒の上下に落ち着いています。ただ、カレーをハネさせずに食べるにはどうしたらいいのか。これまでどれだけの服にカレーじみをつけてきたことか……。この問題だけはいまだに正解がわかりません。

カレーを食べると調子がいい！

特別に健康意識が高いタイプというわけでもないんですが、30代に突入してからは今後のことを見据えて健康体で長く仕事を続けたいという思いが強くなってきました。

ふと「カレーは健康にもよさそうだな」と思ったわけです。野菜をたっぷりとれるしスパイスは体にいいし肉でたんぱく質も摂取できますから。

たとえばですが、とんこつラーメンが死ぬほど好きで毎日食べずにはいられない！となったらちょっと心配される気がするんですよ。でもカレーは問題ない……と思います（笑）。

あくまでも僕の感想ですが、カレーを食べると声が結構出るんですよ。舞台は乾燥していて喉《のど》を使う仕事を日々やっているけど、カレーの脂分が喉を潤してくれるような。

2018年「吉例顔見世大歌舞伎」の『十六夜清心』で初めて清元栄壽太夫の名前で歌舞伎座に出させてもらったときのこと。女形の役があって休憩があって清元の唄方として出るという喉を酷使する流れだったんですが、三日にあげずにナイルでカレーを食べていたんです。そうすると、その日は喉の調子がよくて！ギーという油が使われているんですけどそれが喉にいいんでしょうか。

そして大事なのがごはん。やっぱり僕は米粒を食べないと元気が出ないんです。カレー好きを自覚した当初は、好きな理由なんて特に考えてはいなかったんですが、歌舞伎とカレーという大好きな2つのことにフォーカスして考えていくとどんどんカレーを好きな理由が出てきます。これからもカレーとともに健やかな人生を歩んでいきたいと願っています。

いつの日かインドへ
カレーは生涯の主食

カレーに関しての個人的な夢としては、やはり一度はインドを訪れたいということでしょうか。インドの北と南で本場のカレーにはどんな違いがあるのか。それを現地で味わって、感じて、みなさんにお伝えするようなことができたら最高です！

自分の人生になくてはならない大好きなものが歌舞伎とカレーで、歌舞伎は生涯の仕事、カレーは生涯の主食であり趣味という感じです。その趣味であるカレーが気づいたら仕事にもつながっていて。この流れは予期せぬことでしたが、とても楽しくやらせてもらっているので、今後もこの縁が続いてくれたらうれしいです。

ときどき「お店出したりしないの？」なんて聞かれることもありますが、僕の本業は歌舞伎ですから。「ケンケンカレー」を作るのは楽しいけれど、店舗となると軽い気持ちでやるわけにはいきません。余裕があって仲間に恵まれたとしたら、可能性がゼロではないですが、いまのところは考えていません。

〝仲間〟と言ったのは、僕は自分と同世代の人たちの動向がいつも気になっているからです。これから新たなカレーの歴史を切り開くような仲間と出会えたら、きっとお互いに刺激し合って、ともに精進できるんじゃないかなと思うのです。それでもおそらく僕は食べる専門で、カレーから刺激を受け取るだけの立場でいると思います（笑）。

歌舞伎もカレーも時代とともに変化していくもの。いま主流とされるカレーも世の中が求めるものによって変わるかもしれないし、僕自身のカレーの好みだって変わってくるかもしれません。そんな変化もしっかりと受けとめて、感じて表現していきたいです。ただ、僕のカレーに対する強い愛はこれからも変わりませんけれどね！

おわりに

カレーの本を出しませんか？

そう提案されたときに若干の驚きはありましたけど、不安はありませんでした。専門書を出すというのではなく、自分の過去の話も織り交ぜながら一冊にまとめるということでしたので、それならと。

これまでもメディアでカレー愛について取り上げていただきましたが、個人的な思い出を交えてとなると、まだまだ話していないことがたくさんありました。本としてまとめるからこそ言葉にできるものがあったと思います。

カレーに対する僕の気持ちや、好きなカレー店やレトルトカレー、出演した作品とカレーの思い出。歌舞伎とカレーを軸に自分の人生をプレイバックするという、とてもよい機会をいただけたと思っています。

あらためて僕の人生を振り返ってみると、節目節目にはいつもカレーとの思い出があったんだな、作品ごとにカレーとの記憶が自然と刻まれているんだな、ということを実感しました。

カレーのおかげで気持ちの切り替えができたこともありましたし、パワーがみなぎってハードな日々を乗り切れたこともありました。カレーという存在に心身ともに支えられてきたのかもしれません。

先に目を通してくださったかたがたから「読み終わったらカレーが食べたくなりました」「おすすめのカレー店に行ってきました」「レトルトカレーをお取り寄せしました」「〇〇〇というカレー店も美味しいですよ」といったお言葉をいただいたんです。読むだけでカレーが食べたくなってしまうカレーの吸引力、洗脳力ってすごいですよね。

本書を最後まで読んでくださり、本当にありがとうございました。カレー食べたくなってきませんか？　皆さまにもたくさんのカレーとの良き出会いがありますよう願っております。そして食前食後には歌舞伎もぜひ！　劇場にてお待ちしております。

尾上右近

シャツ　¥49,500／LUFON(Sian PR)
スーツ　¥107,800／BOB(タキヒヨー)

パンツ　¥14,300／AIVER(Sian PR)

カレー賢人「キャリ」 ¥1,650
／山崎金属工業

パンツ ¥41,800
／CROSSSES TOKYO（Sian PR）

※表記のないものはすべてスタイリスト私物です。
※価格はすべて税込みです。

SHOP LIST

Sian PR ☎03-6662-5525
タキヒヨー ☎03-5829-5671
山崎金属工業ONLINE SHOP https://shop.yamazakitableware.jp/

Profile

尾上右近

1992年5月28日生まれ。屋号は音羽屋。曽祖父は六代目尾上菊五郎。母方の祖父に昭和のスター鶴田浩二。2000年に7歳で歌舞伎座にて初舞台。2005年に12歳で二代目尾上右近を襲名。2018年に歌舞伎伴奏音楽である清元唄方の名跡、清元栄壽太夫を襲名した歌舞伎界の二刀流。大河ドラマ『青天を衝け』をはじめ、ミュージカル、バラエティー、歌番組や情報番組のキャスターなど多方面に活躍。映画『燃えよ剣』にて第45回日本アカデミー賞 新人俳優賞受賞。趣味は絵を描く。歌を歌う。カレーを食べる。

Staff

撮影……榊原裕一
スタイリスト……三島和也（tatanca）
ヘア＆メイク……STORM（Linx）
装丁・本文デザイン…佐藤 学（Stellablue）
取材・文……根岸聖子
取材協力……伊藤隆、福田桃子（K-Factory Inc.）
編集担当……浅見悦子(主婦の友社)

尾上右近《おのえうこん》　華麗《カレー》なる花道《はなみち》

2024年5月31日　第1刷発行

著　者／尾上右近《おのえうこん》
発行者／平野健一
発行所／株式会社主婦の友社
〒141-0021　東京都品川区上大崎3-1-1　目黒セントラルスクエア
☎03-5280-7537（内容・不良品等のお問い合わせ）
☎049-259-1236（販売）

印刷所／大日本印刷株式会社

Printed in Japan　ISBN978-4-07-454563-6

■本のご注文は、お近くの書店または主婦の友社コールセンター（電話0120-916-892）まで。
＊お問い合わせ受付時間　月～金（祝日を除く）　10:00～16:00
＊個人のお客さまからのよくある質問をご案内しております。　https://shufunotomo.co.jp/faq/